하루 1분
숫자게임

이 도서의 국립중앙도서관 출판예정도서목록(CIP)은 서지정보유통지원시스템 홈페이지
(http://seoji.nl.go.kr)와 국가자료공동목록시스템(http://www.nl.go.kr/kolisnet)에서
이용하실 수 있습니다.(CIP제어번호 : CIP2016025233)

지친 뇌에 활력과 자극을 주는

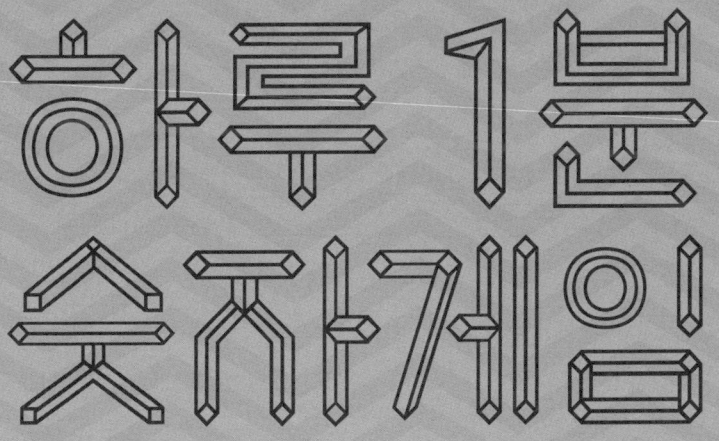

하루 1분 숫자게임

YM기획 엮음 | 조신영 감수

베프북스
Best Friend Books

감수사

뇌섹시대의 솔루션

◎◯☞　　인류는 고대부터 지금까지 농업혁명, 산업혁명, 정보혁명이라는 세 차례의 혁명을 거쳐 왔다. 농업혁명 시대엔 노동력이, 산업혁명 시대엔 자본이 중요한 경쟁력으로 떠올랐다. 그렇다면 현재 우리가 살고 있는 정보혁명의 시대에는 과연 어떤 것이 강력한 경쟁력이 될 수 있을까?

　대부분의 사람들은 정보가 가장 중요하다고 생각하겠지만, 반은 맞고 반은 틀린 말이다. 산업혁명 시대에도 정보는 중요한 경쟁력이었다. 하지만 그때는 정보의 양이 중요했다면, 지금은 정보의 질이 더 중요하다. 산업혁명 시대는 정보를 가지고 있는 것 자체가 힘이었지만 지금은 다르다. 인터넷의 보급으로 인해 전 세계의 대중들은 정보의 홍수를 맞이했다. 누구든지 쉽게 원하는 정보를 얻을 수 있고, 또 활용할 수도 있는 세상이 와버린 것이다. 결국 정보 자체가 중요한 게 아니라 정보의 내용과 활용이 중요하게 되었다.

정보의 바다 속에서 얼마나 유의미하고 활용성이 높은 정보를 '발견'하고 '응용'할 수 있느냐가 '진짜' 중요한 것이다. 요즘에 중요시되고 있는 '문제해결능력'이 바로 이런 것이다. TV에선 퀴즈나 두뇌게임을 소재로 한 프로그램들이 하루가 다르게 쏟아지며, 서점에선 아이들의 두뇌계발과 성인들의 놀이 또는 치매예방을 위한 책들을 흔히 볼 수 있다. 흔히 말하는 '뇌섹시대'가 온 것이다. 이 뇌섹시대에서 가장 중요한 능력으로 떠오르고 있는 것이 '문제해결능력'이다.

창의적인 문제를 푸는 것은 문제의 패턴을 발견하고 관찰하는 연습을 통해 응용력과 창의력을 계발할 수 있게 해준다. '하루 1분 숫자게임'은 이 시대에 필요한 문제해결능력을 기르기 위한 관찰력과 창의력을 향상시킬 솔루션이 될 것이다. 육체만 운동이 필요한 게 아니다. '하루 1분 숫자게임'을 통해 뇌를 자극시켜 꾸준히 관리하기를 바란다.

세계 기억력 선수권대회 한국 대표

조 신 영

Contents

감수사	4
하루 1분 숫자게임, 이렇게 활용하세요!	8
From 1Week to 17Week	10
재미있는 숫자이야기 1.	102
From 18Week to 34Week	104
재미있는 숫자이야기 2.	192
From 35Week to 52Week	194

하루 1분 숫자게임

이렇게 활용하세요!

과다한 업무, 학업 스트레스,
무의미한 일상의 반복…
멈춰버린 뇌에 다시 시동을 걸어볼까요?
매일 특정한 시간을 정해
뇌에 자극을 주는 게임으로
잠들어 있는 뇌를 깨워주세요.

1. 《하루 1분 숫자게임》은…

뇌에 자극과 창의를 더해주는 숫자와 관련된 다양한 문제들을 모아 실었습니다. 난이도와 분야를 골고루 고려하여 구성되었기 때문에 순서대로 하루하루 풀어보는 것을 권해드립니다.

2. 규칙적인 두뇌트레이닝

1Week부터 52Week까지 1년 동안 주말을 제외한 5일 동안 매일 한 문제씩 풀어볼 수 있도록 구성되어 있습니다. 하루에 여러 문제를 풀거나 몰아서 문제를 푸는 것보다, 매일 매일 꾸준히 한 문제씩 풀어나가 보세요.

3. 바로바로 찾아보는 정답

정답지와 문제를 왔다갔다하는 번거로움은 이제 그만! 문제 다음 페이지에 정답을 확인할 수 있도록 구성하였습니다. 바로바로 정답을 확인하세요.

From 1 Week

to

17Week

1 Week

Day 001   다음 수열의 규칙을 파악하여 다음 줄에 올 숫자 나열을 찾아보세요.

		1	1	1				
		1	2	3	2	1		
	1	3	6	7	6	3	1	
1	4	10	16	19	16	10	4	1

Day 002   다음 수열의 규칙을 파악하여 빈칸에 올 숫자를 찾아보세요.

−1	−1	0	2	5	□

Day 003 다음 수열의 규칙을 파악하여 빈칸에 올 숫자를 찾아보세요.

12   −6   −3   3   3   −4.5   □

Day 004 다음 수열의 규칙을 파악하여 빈칸에 올 숫자를 찾아보세요.

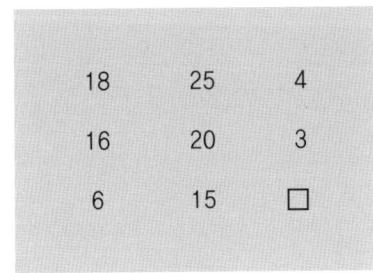

Day 005 가로 세로 4줄의 숫자가 있습니다. 이 중에서 4개의 숫자를 빼서 가로 세로로 더하여도 같은 합이 나올 수 있도록 만들어보세요.

15	16	7	10
17	14	9	18
16	21	12	13
10	11	20	5

해설

Day 001
숫자 나열의 모양을 조금 바꿔서 배열해볼까요?

$$\begin{array}{ccccccccc} & & & & 1 & 1 & 1 & & \\ & & & 1 & 2 & 3 & 2 & 1 & \\ & & 1 & 3 & 6 & 7 & 6 & 3 & 1 \\ 1 & 4 & 10 & 16 & 19 & 16 & 10 & 4 & 1 \end{array}$$

이제 뭔가 규칙이 보이지 않나요?
양 끝의 수는 그 위의 수를 그대로 써주고,
두 번째 수는 위의 열의 첫 번째와 두 번째 수의 합,
세 번째 수부터는 위의 수 세 개의 합을 쓴다는 규칙을 찾을 수 있습니다.
마지막 열을 예를 든다면,
1=1
4=1+3
10=1+3+6
16= 3+6+7
19=6+7+6
이렇게 말이지요. 그러므로 다음에 올 열은 다음과 같습니다.
1, 5, 15, 30, 45, 51, 45, 30, 15, 5, 1

Day 002
−1+0=−1, −1+1=0, 0+2=2, 2+3=5
이렇게 숫자 0부터 순서대로 더해나가는 규칙을 찾을 수 있습니다.
따라서 빈칸에 올 숫자는 **5+4=9**입니다.

Day 003

12×(-1/2)=-6, -6×(1/2)=-3, -3×(-1)=3, 3×(1)=3, 3×(-3/2)=-4.5
이렇게 -1/2부터 1/2씩 커지며 앞 수에 곱해나가는 규칙을 찾을 수 있습니다.
따라서 빈 칸에 올 숫자는 **-4.5×(3/2)=-27/4**입니다.

Day 004

(18-16)×3=6, (25-20)×3=15 이렇게 세로로 배치된 숫자를 서로 뺀 다음 3을 곱한 수가 마지막 줄에 오는 규칙을 찾을 수 있습니다.
따라서 빈칸에 올 숫자는 **(4-3)×3=3**입니다.

Day 005

21, 5, 17, 7를 빼면 가로로 더해도 41, 세로로 더해도 41이라는 동일한 숫자가 나옵니다.

2 Week

Day 001   다음 수열의 규칙을 파악하여 빈칸에 올 숫자를 찾아보세요.

8   18   36   ☐   77

Day 002   다음 수열의 규칙을 파악하여 빈칸에 올 숫자를 찾아보세요.

-2   3   1   4   5   ☐

Day 003

다음 수열의 규칙을 파악하여 ?에 올 숫자를 찾아보세요.

```
1
2  2
3  4  3
4  3  3  4
5  3  9  3  5
6  ?  9  9  ?  6
7  9  9  9  9  9  7
8  9  9  9  9  9  9  8
```

Day 004 야구배트와 야구공을 사려고 하는데, 야구배트는 야구공보다 만 원 비쌉니다. 야구배트와 야구공을 모두 사는 데는 만 천원이 듭니다. 야구공은 얼마일까요?

Day 005 깊이가 3m되는 우물 바닥에 달팽이 한 마리가 살고 있습니다. 이 달팽이는 낮 동안 30cm만큼 기어 올라오고 밤 사이 20cm를 미끄러집니다. 이 달팽이가 우물 밖으로 기어 나오려면 며칠이 있어야 할까요?

해설

Day 001

4×9=36, 3×6=18, 1×8=8

이처럼 앞의 숫자는 뒤의 숫자의 각 자리 수를 곱한 값이라는 규칙을 찾을 수 있습니다.

그러므로 빈칸에 올 숫자는 **7×7=49**입니다.

Day 002

-2+3=1, 3+1=4, 4+1=5

이런 식으로 앞의 두 숫자를 더한 값이 뒤에 오는 규칙을 찾을 수 있습니다.

그러므로 빈칸에 올 숫자는 **4+5=9**입니다.

Day 003

첫 번째 줄에는 1을 놓습니다. 그리고 두 번째 줄에는 2 2를 놓습니다.

세 번째 줄부터는 양 끝에 그 줄이 몇 번째 줄인지 적습니다.

그다음 바로 위에 붙어있는 두 숫자를 곱해서 나온 수의 자리수를 모두 더합니다. 예를 들어서 ? 위에 3 4 가 있다면, 3x4=12이므로 1+2=3을 적어 나가면 다음과 같이 됩니다.

따라서 **정답은 6입니다.**

```
            1
           2 2
          3 4 3
         4 3 3 4
        5 3 9 3 5
       6 6 9 9 6 6
      7 9 9 9 9 9 7
     8 9 9 9 9 9 9 8
```

Day 004

야구공을 A, 야구배트를 B라고 할 때 다음과 같은 수식을 만들 수 있습니다.

A+B=11000, A=B+10000

2B+10000=11000

B = 500

따라서 **야구공은 500원입니다.**

Day 005

300-30=(30-20)×27

즉, 27일째 밤에 달팽이의 위치는 270cm이고 다음날 낮에 30cm 올라가면 300cm가 되므로 다음날 낮에 우물 밖으로 기어나올 수 있습니다. 그러므로 **정답은 28일입니다.**
여기서 주의할 점은 300=10×30로 계산해서 30일이라고 해선 안 된다는 겁니다. 이미 28일째에 올라갔는데 밤에 미끄러져 내려올 일은 없겠지요?

3 Week

Day 001   다음 괄호에 들어갈 수는 무엇일까요?

```
72 * 42 = 1267
90 * 27 = 1093
52 * 28 = (   )
```

Day 002   A군이 자신의 방 안에서 사망한 채 발견되었습니다. A군이 쓰러져있던 바닥에는 8-19-11이라는 다잉메시지가 남겨져 있었습니다. 경찰은 평소 A에게 원한이 있었던 김수희, 박진호, 황수호 세 사람으로 용의자를 압축한 상태로, 이 셋 중 범인은 누구일까요?

Day 003   다음 별에 직선 2개를 그어서 열 개의 삼각형을 만들어보세요. 단! 겹치는 삼각형은 세지 않습니다.

Day 004   다음 그림에서 삼각형은 모두 몇 개일까요?

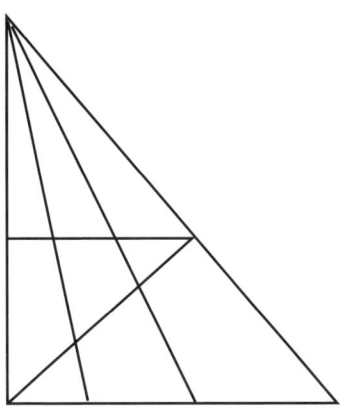

Day 005   1,2,3,4를 한 번씩 사용하여 36을 만들어보세요.

해설

Day 001

최대공약수를 이용한 문제입니다. 첫 번째 식에서 72와 42의 최대공약수는 6이지요. 72를 최대공약수로 나눈 값(72/6=12)을 앞에 쓰고 그다음 최대공약수(6)를 쓴 다음, 뒤 숫자인 42를 최대공약수로 나눈 값(7)을 쓰면 1267이 되는 식으로 규칙이 이어진다는 것을 알 수 있습니다. 52와 28의 최대공약수는 4이므로 **정답은 1347입니다.**

Day 002 김수희

숫자를 거꾸로 한 뒤, 그 숫자에 맞는 순서에 있는 알파벳을 찾으면 KSH, 즉 김수희의 이름의 이니셜이기 때문.

Day 003

겹치는 삼각형을 제외하면 삼각형이 **10개**가 됩니다.

Day 004 24개

Day 005 36

(12−3)×4=36

4 Week

Day 001   아빠와 아들이 강아지를 데리고 산책을 나가기로 했습니다. 성격이 급한 아들이 아빠가 신발을 신는 동안 먼저 강아지를 데리고 달려 나갔습니다. 아들이 아빠보다 10초 먼저 출발하고, 아빠가 출발하는 동시에 강아지가 아들로부터 아빠를 향해 달려와 아빠의 발에 도착하자마자 다시 방향을 바꿔 아들의 발까지 달려갔습니다. 강아지가 이런 식으로 아빠와 아들이 만날 때까지 둘 사이를 왕복으로 이동했습니다. 강아지는 초속 5m, 아빠는 초속 2m, 아들은 초속 1m로 이동한다고 했을 때, 아빠가 아들을 따라잡을 때까지 강아지는 몇 m를 달렸을까요?

Day 002 다음 수열의 규칙을 파악하여 ?에 올 숫자를 찾아보세요.

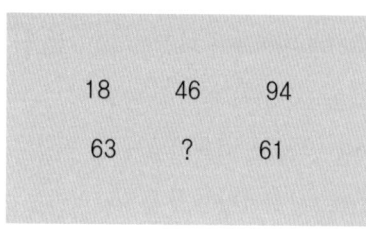

Day 003 다음 수열의 규칙을 파악하여 ?에 올 숫자를 찾아보세요.

```
10    11    100    ?    110
```

Day 004   다음 대화를 보고 박 씨의 나이를 계산해보세요.

A : 박 씨가 몇 살이지?

B : 글쎄... 16년 전에는 박 씨가 자기 아들 나이의 3배에 3살이 적었어.

A : 내가 알기론 박 씨가 지금 아들 나이의 2배인데.

B : 응, 맞아. 박 씨는 아들이 한 명이니까 우리 둘 말이 다 맞겠군.

Day 005   다음 수열의 규칙을 파악하여 ?에 올 숫자를 찾아보세요.

| 1 | 7 | 2 | 4 | 3 | 8 | ? | 7 |

Day 001
각각의 이동 속도가 아빠는 초속 2m, 아들은 초속 1m라고 하면, 10m였던 거리는 매초마다 1m씩 줄어듭니다. 그러므로 아빠가 아들을 따라잡기까지는 10초가 걸리지요. 강아지는 초속 5m로 달리고 있었으므로, 정답은 **50m**입니다.

Day 002
9×9=81 ➡ 18
8×8=64 ➡ 46
7×7=49 ➡ 94
6×6=36 ➡ 63
?
4×4=16 ➡ 61

이런 식으로 9부터 숫자가 점점 낮아지면서 제곱한 수의 자릿수를 바꾸는 규칙을 찾을 수 있습니다. 따라서 ?에 들어갈 숫자는 **5×5=25 ➡ 52**가 됩니다.

Day 003
이진법을 안다면 쉽게 풀 수 있는 문제입니다. 이진법은 0과 1 두 종류의 숫자로 수를 나타내는 방식으로, 이 수열은 십진법 숫자를 이진법으로 표기한 것이기 때문에 ?에 들어갈 숫자는 **101**입니다.

Day 004
박 씨 아들 나이를 x, 박 씨 나이를 y라고 할 때

y= 2x

y−16+3= 3(x−16)

와 같은 수식을 만들 수 있습니다.

y−16=3x−51

y−3x=−35

y=2x 이므로

2x−3x=−35

−x=35

x=35

즉, **박 씨의 나이는 70세입니다.**

Day 005

1부터 한 칸씩 건너뛰면서 수가 1씩 높아지고 있는 규칙을 찾을 수 있습니다. 따라서 ?에 올 숫자는 **4입니다.**

5 Week

Day 001 다음은 어떤 놀이의 규칙입니다.

> ❶ 한 사람은 숫자를 "하나", "둘", "셋", … 큰 소리로 센다.
> ❷ 다른 사람은 일정량의 바둑돌을 가지고 수를 셀 때마다 3개 또는 4개의 바둑돌을 집는다.
> ❸ 3개를 집은 경우는 왼쪽, 4개를 집은 경우는 오른쪽에 놓는다.
> ❹ 바둑돌을 옮기는 사람의 바둑돌이 모두 없어지면 숫자 세기의 중단을 외친다.
> ❺ 숫자를 세는 사람은 옮겨진 바둑돌의 개수를 답한다.

지수와 민수는 이 규칙에 따라 바둑돌 50개를 가지고 민수가 세는 숫자에 맞추어 지수가 바둑돌을 옮기기로 했습니다. 민수가 열다섯을 세었을 때, 지수는 바둑돌을 모두 옮겼다면, 지수가 왼쪽으로 옮긴 바둑돌의 개수와 오른쪽으로 옮긴 바둑돌의 개수를 곱한 수는 몇일까요?

Day 002 다음 수열의 규칙을 파악하여 빈칸에 올 숫자를 찾아보세요.

$$-3 \quad -1 \quad -4 \quad 0 \quad -5 \quad 1 \quad \square$$

Day 003 다음 수열의 규칙을 파악하여 빈칸에 올 숫자를 찾아보세요.

$$\square \quad 6 \quad -3 \quad -4.5 \quad 3 \quad 2 \quad -2 \quad -2.5 \quad \square$$

Day 004   소연과 기태, 명선, 세 명이 회사를 만들었습니다. 자본금으로는 소연이 3/7을, 기태가 1/4을, 명선이 1/28을 내고 나머지는 은행에서 빌렸습니다. 1년 후, 이 사업을 통해 얻은 이익으로 은행에서 빌린 돈을 갚자 250만 원이 남았습니다. 이 250만 원 중에서, 소연이 3/7, 기태가 1/4, 명선이가 1/28을 가지려 했지만 잘 나눠지지 않아 고민하고 있는데, 한 할아버지가 나타나 돈 얼마를 빌려 주며 그 돈을 더한 뒤 세 사람이 나눠 가지고 남은 돈을 돌려달라고 제안했습니다. 세 사람이 돈을 나눈 뒤, 할아버지는 자신이 빌려줬던 돈을 모두 돌려 받았다면, 과연 할아버지는 처음에 얼마를 세 사람에게 건넸을까요?

Day **005**   아래 도형을 2번 잘라 붙여 정사각형을 만드세요.

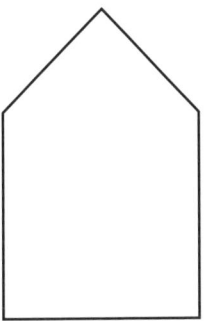

해설

Day 001

간단하게 생각해보면, 바둑돌 50개를 3개씩이나 4개씩 왼쪽, 오른쪽으로 분류하는 것입니다. 분류하는 총 횟수가 15번이라는 뜻이지요. x를 3개를 왼쪽으로 보내는 횟수, y를 4개를 오른쪽으로 보내는 횟수라 하고 식을 만들어 보면

$x + y = 15$

$3x + 4y = 50$

$3(x+y) = 3 \times 15$

$3x + 3y = 45$

$45 + y = 50$

따라서 $y = 5$

그러므로 4개씩 오른쪽으로 보낸 횟수는 5번, 3개씩 왼쪽으로 보낸 횟수는 10번입니다. 오른쪽에 돌 20개, 왼쪽에 돌 30개가 있으므로 **정답은 600입니다.**

Day 002

$-3+2=-1$, $-1-3=-4$, $-4+4=0$, $0-5=-5$, $-5+6=1$

이런 식으로 진행되는 것을 알 수 있으므로 빈칸에 들어갈 숫자는 **1-7=-6입니다.**

Day 003

$6\times(-1/2)=-3$, $-3\times(3/2)=-4.5$, $-4.5\times(-2/3)=3$, $3\times(2/3)=2$, $2\times(-1)=-2$, $-2\times(5/4)=-2.5$

이런 식으로 수열의 규칙을 파악할 수 있습니다. 그러므로 빈칸에 올 숫자는 **$-2.5\times(-4/5)=2$입니다.**

Day 004

세 명의 몫을 모두 합치면 3/7 + 1/4 + 1/28 = 5/7
이 부분이 250만 원이므로, 할아버지가 빌려준 돈은 2/7 입니다.
따라서 할아버지가 빌려준 돈과 250만 원을 합한 값은 250 × 7/5 = 350만 원입니다.
즉, 할아버지가 빌려준 돈은 100만 원입니다.
350만 원을 각각의 몫으로 나누면
소연 : 350 × 3/7 = 150만 원
기태 : 350 × 1/4 = 87만 5천원
명선 : 350 × 1/28 = 12만 5천원으로 나누고
100만 원을 할아버지께 돌려드린 것이지요.

Day 005

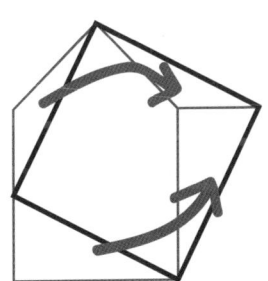

6 Week

Day 001 광희가 쿠키를 세찬이와 나눠먹기 위해 가져가다가 넘어져 쿠키가 4조각으로 나누어졌습니다. 쿠키의 질량은 40g이였고, 도중에 넘어져 4조각으로 나누어졌지만 조각이 나누어짐으로 인해 질량이 줄어지지는 않았습니다. 그런데 특이하게도, 이 4조각들과 양팔저울을 이용하면 질량이 정수이고 1g ~ 40g의 물체를 잴 수가 있다고 합니다. 그렇다면 이 4조각 각각의 질량은 몇 g일까요? (단, 4조각들의 각각의 질량은 모두 정수입니다.)

Day 002 다음 수열의 규칙을 파악하여 빈칸에 올 숫자를 찾아보세요.

$$-1 \quad 4 \quad -2 \quad 1 \quad -5 \quad 5 \quad \square$$

Day 003　　1 2 3 4 5 6 7

이 숫자 사이에 + 와 - 의 기호를 넣어 55가 되게 해보세요. 단, 숫자의 순서를 바꾸어서는 안 됩니다.

Day 004　　1에서 9까지의 숫자 중 절반으로 나눴을 때, 아무것도 남지 않는 숫자는 무엇일까요?

Day 005 정육각형을 같은 크기 같은 모양으로 8등분 해보세요.

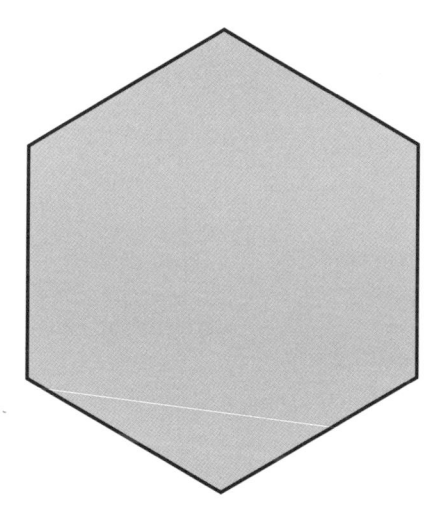

해설

Day 001 1g, 3g, 9g, 27g
이 네 무게의 조각만 이용하면 1~40g까지의 물건의 무게를 잴 수 있습니다.

Day 002
−1+5=4, 4−6=−2, −2+3=1, 1−6=−5, −5+10=5
이런 식으로 한 숫자씩 건너뛰면서 −6을 해주는 규칙을 찾을 수 있습니다. 그러므로 빈 칸에 올 숫자는 **5−6=−1**입니다.

Day 003 12−3+45−6+7 = 55

Day 004 8
숫자 8 모양을 말 그대로 반으로 자르면 00이 되지요.

Day 005

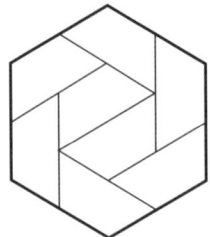

7 Week

Day 001 가로 2.5cm, 세로 0.8cm 높이 0.6cm인 직육면체 모양의 어항이 있습니다. 이 어항에 두 개의 수도꼭지가 있는데, A수도꼭지만 이용하면 10분 만에 물이 가득 차고 B수도꼭지만 이용하면 8분 만에 물이 가득 찬다고 할 때, 두 수도꼭지를 동시에 이용하여 어항에 물을 가득 채울 때 걸리는 시간은 몇 분일까요? (정답은 몇 분 몇 초로 구하고 단위는 소수점 아래 첫째 자리에서 반올림합니다.)

Day 002 다음 수열의 규칙을 파악하여 ?에 올 숫자를 찾아보세요.

| -2 | -1 | 1 | 0 | -2 | 0 | 3 | ? |

Day 003

다음 수식의 규칙을 파악하여 ?에 올 숫자를 찾아보세요.

111=13

112=24

113=35

114=46

115=57

117=?

Day 004   다음 수식에서 ?에 올 값은 무엇일까요?

```
100=206

50=106

25=56

1=?
```

Day 005   4장의 카드가 뒤집어져 있습니다. 카드는 모두 서로 다른 숫자가 적혀 있으며, 가장 큰 수를 제외하면 홀수가 적힌 카드가 1개, 짝수가 적힌 카드가 2개입니다. 카드를 2장 뒤집어서 두 카드를 더하는 것을 4번 반복했을 때 각각 17, 14, 12, 18이 나왔다면 가장 큰 수는 무엇일까요? 단, 카드에 적힌 숫자는 1~10까지이며 중복된 숫자는 없습니다.

Day 001   4분 27초

Day 002
−2+1=−1, −1+2=1, 1−1=0, 0−2=−2, −2+2=0, 0+3=3
이런 식으로 +1, +2, −1, −2, +2, +3 두 숫자씩 건너뛰어서 두 숫자씩 +와 −가 반복되는 규칙을 발견할 수 있습니다. 그러므로 ?에 올 숫자는 **3−2=1입니다.**

Day 003
세 자리 수에서 맨 끝자리 숫자가 맨 앞으로 오고, 각 자리수를 더한 수가 두 번째 자리수가 되는 규칙을 발견할 수 있습니다. 그러므로 **정답은 79입니다.**

Day 004
206=100x2+6, 106=50x2+6, 56=25x2+6
이렇게 y=2x+6이라는 규칙을 발견할 수 있습니다. 그러므로 ?에 들어갈 숫자는 **8입니다.**

Day 005
제시된 숫자 중 가장 큰 수인 18을 이룰 수 있는 1~10까지의 수 조합을 찾아보면 10, 8 또는 9, 9 밖에 없습니다. 중복된 숫자는 사용될 수 없으므로 **10이 가장 큰 수**임을 알 수 있습니다.

8 Week

Day 001   영수네 반 학생 31명이 소풍을 가기 위해 1번부터 끝번까지 순서대로 한 줄로 서서 버스를 기다리고 있습니다. 번호가 2의 배수인 사람부터 차례로 버스에 타고, 그다음 번호가 3의 배수인 사람들이 차례대로 버스에 탑니다. 그다음은 4의 배수, 그다음은 5의 배수 이런 식으로 해나갈 때 가장 마지막에 버스에 오르는 학생의 번호는 몇 번일까요?

Day 002   다음 수열의 규칙을 파악하여 빈칸에 올 숫자를 찾아보세요.

| ☐ | 1 | 0 | 0 | 1 | 1 | 2 | 4 | ☐ |

Day 003   신데렐라의 계모가 자신의 두 딸과 파티에 떠나기 전 신데렐라에게 이렇게 지시했습니다.

"여기 과일들이 있지? 너는 내일 아침 먹을 과일을 테이블에 다 차려놓고 파티에 오도록 해. 테이블에 과일은 1/2은 사과, 1/5은 귤, 1/6은 배, 그리고 감은 4개가 차려져 있어야 해."

그렇다면 신데렐라가 테이블에 올려야 하는 과일은 모두 몇 개일까요?

Day 004   ?에 들어가야 할 숫자는 무엇일까요?

```
     1
    1 1
    1 2
   1 1 2 1
   1 3 2 ?
```

Day 005   다음과 같이 고양이 모양의 그림에 숫자들이 써 있습니다. ?에 들어갈 숫자는 무엇일까요?

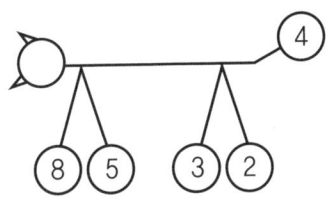

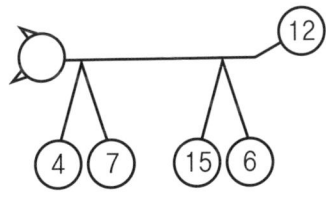

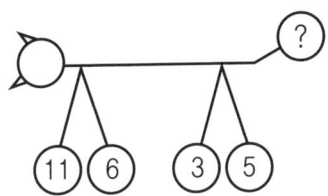

해설

Day 001
처음에 2의 배수를 제외하면
1 3 5 7 9 11 13 15 17 19 21 23 25 27 29 31이 남고
3의 배수를 제외하면
1 5 7 11 13 17 19 23 25 29 31이 남고
4의 배수는 없고
5의 배수를 제외하면
1 7 11 13 17 19 23 29 31 남고
6의 배수는 없고
7의 배수를 제외하면
1 11 13 17 19 23 29 31…
이렇게 하다보면 11의 배수 13의 배수, 17의 배수, 19의 배수, 23의 배수, 29의 배수, 31의 배수까지 다 없어지고 **1만 남게 됩니다.** 1의 배수가 나오지 않는 이상 1은 버스에 탈 수 없을 테니까요.

Day 002
앞의 3숫자의 합이 다음 숫자가 되는 규칙을 발견할 수 있습니다. 그러므로 첫 번째 빈칸에 들어갈 숫자는 ㅁ+1+0=0으로, −1이며, 마지막 빈 칸에 들어갈 숫자는 **1+2+4=7입니다.**

Day 003
모든 과일 수를 X라고 하면
X/2 + X/5 + X/6 + 4 = X 라는 방정식을 만들 수 있습니다.

여기에 최소 공배수인 30을 곱하면

15X + 6X + 5X + 120 = 30X 가 되며,

4X = 120, X = 30즉, **과일 수는 30개가 됩니다.**

Day 004
아래쪽에 오는 숫자는 위에 있는 숫자와 개수를 순서대로 적는 규칙을 발견할 수 있습니다.
1
11(1이 1개)
12(1이 2개)
1121(1이 1개, 2가 1개)
1321(1이 3개, 2가 1개)
그러므로 ?에 들어갈 숫자는 1입니다.

Day 005
두 앞다리의 수의 차와 두 뒷다리의 수의 차의 합이 꼬리의 수입니다. 따라서 ?에 들어갈 수는 (11-6)+(5-3)=7입니다.

9 Week

Day 001   다음 빈칸에 들어갈 숫자는 각각 무엇일까요?

1	2	3	4	5	6	7	8	9
8	7	6	5	4	3	2	1	10
9	10	1	2	3	4	5	6	7
6	5	4	3	2	1	10	9	8
7	8	9				3	4	5
4	3	2				8	7	6
5	6	7				1	2	3
2	1	10	9	8	7	6	5	4
3	4	5	6	7	8	9	10	1

Day 002

무한상사 회식 날 1차가 끝나고 유 부장, 정 대리, 하 사원은 2차로 자리를 옮겼습니다. 삼겹살집에서 3만 원어치의 고기를 먹고 1인당 만 원씩 걷어서 계산을 했는데, 주인이 할인기간이라 2만 5천원이라며 5천원을 돌려주겠다고 했습니다. 5천원으로 세 명이 나누기가 애매해 세 사람은 2천원짜리 사이다 한 병을 더 마시고 주인으로부터 3천원만 받아서 천원씩 나눠가졌습니다. 집으로 돌아가는 길, 하 사원이 사기를 당한 것 같다며 흥분하기 시작했습니다.

한 사람당 만 원씩 걷어서 천원을 돌려받았으므로 각 9천원씩을 낸 것인데, 3×9=27로 27000원이고, 사이다 값이 2천원이므로 다 합치면 29000원이라는 겁니다. 천원이 빈다는 것이지요. 과연 이 천원은 어디로 간 것일까요?

Day 003   '?' 안에 들어갈 숫자는 무엇일까요?

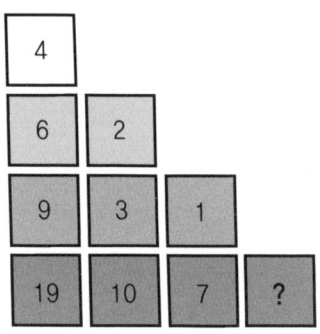

Day 004   다음 수식의 규칙을 파악하여 ?에 들어갈 숫자를 찾아보세요.

$$3 = 1\ 8$$
$$4 = 3\ 2$$
$$5 = 5\ 0$$
$$7 = ?$$

Day 005   다음 수식을 계산하면 몇이 나올까요?

$$7 + 7 \div 7 + 7 + 7 \times 7 - 7$$

❶ 0   ❷ 8   ❸ 50   ❹ 57

해설

Day 001
왼쪽에서부터 오른쪽, 그다음 칸은 오른쪽에서 왼쪽, 이런 식으로 지그재그로 1부터 10까지 오르락 내리락 하는 것을 알 수 있습니다.

10	1	2
1	10	9
8	9	10

Day 002
손님인 세 사람은 1000원씩 거슬러 받아서 각각 9000원씩 낸 것이므로 9000×3=27000원을 지급했고, 주인 또한 25000+2000=27000원(고기값과 사이다 값)을 받았으므로, **1000원은 없어지지 않았습니다.**

Day 003
맨 위의 사각형의 숫자가 4이고 바로 아래 칸 오른쪽의 숫자는 2인데, 이 두 숫자를 더하면 왼쪽 숫자 6이 됩니다. 이런 식으로 생각해보면, **정답은 6입니다.**

Day 004
18=3×6　　32=4×8　　50=5×10

이런 식으로 짝수로 커지며 숫자가 곱해지는 규칙을 찾을 수 있습니다. 그러므로 **?에 들어갈 숫자는 7×14=98입니다.**

Day 005
수식의 계산은 왼쪽에서 오른쪽으로 차례대로 하되 괄호를 우선으로 하고 곱셈·나눗셈을 덧셈·뺄셈보다 먼저 해야 하므로 **정답은 57입니다.**

10 Week

Day 001 다음 수식의 규칙을 찾아 ?에 들어갈 숫자를 찾아보세요.

$$5 * 3 = 28$$

$$9 * 1 = 810$$

$$8 * 6 = 214$$

$$5 * 4 = 19$$

$$7 * 3 = ?$$

Day 002   아래 그림은 삼각형을 2개로 겹쳐서 만든 6개의 뿔이 있는 6각성입니다. 각 선의 교차점에 있는 12개의 원에 1에서부터 12까지의 수를 각각 한 번만 사용해서 각 열(전부 6열)의 수의 합계가 모두 26이 되도록 만들어서 별을 완성해보세요.

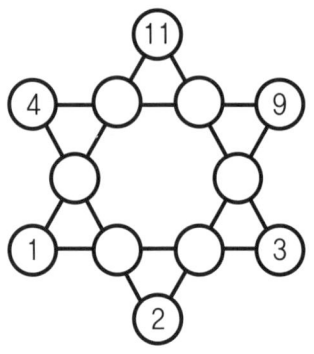

Day 003   다음 네모 칸 안에 있는 돼지를 정사각형 두 개만을 사용해 한 마리씩 가두어보세요.

Day 004 다음 표에서 ?에 들어갈 숫자는 무엇일까요?

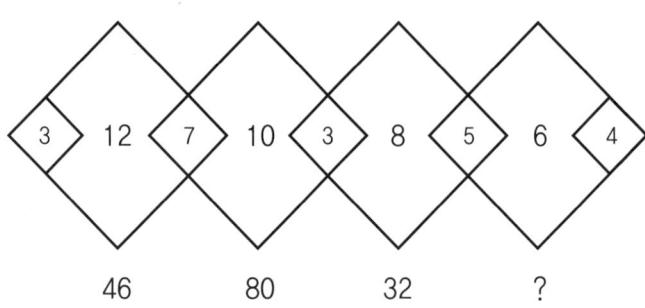

Day 005 9981+1601=2957이라면, 다음 수식의 정답은 무엇일까요?

$$1080+9168=?$$

Day 001

5−3=2, 5+3=8 ➜ 28
9−1=8, 9+1=10 ➜ 810
8−6=2, 8+6=14 ➜ 214
5−4=1, 5+4=9 ➜ 19

이런 식으로 두 수의 차를 앞자리에 적고, 두 수의 합을 뒤에 적는 규칙을 발견할 수 있으므로, ?에 들어갈 숫자는 **7−3=4, 7+3=10 ➜ 410**입니다.

Day 002

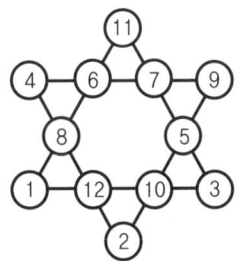

Day 003

Day 004

왼쪽 숫자 × 가운데 숫자 + 왼쪽숫자 + 오른쪽 숫자를 계산한 값이 바로 큰 마름모 아래 있는 수라는 규칙을 찾을 수 있습니다. 그러므로 ?에 들어갈 숫자는 **5×6+4+5=39 입니다.**

Day 005

문제를 뒤집어보면 정답을 찾을 수 있는 문제입니다. 수식을 거꾸로 보고 계산하면 1091+1866=2957이란 답이 나오지요. 따라서 정답은 **8916+801= 9717입니다.**

11 Week

Day 001 물음표에 들어갈 숫자를 찾아보세요.

```
7111=0
8809=6
2172=0
6666=4
1111=0
7662=2
0000=4
2889=?
```

Day 002   16+9=1 8+6=2 14+13=3이라면, 7+7의 값은 얼마일까요?

Day 003   다음 ?에 들어갈 숫자는 무엇일까요?

```
7246358, 746358, 74658, 7658, ?
```

Day 004   다음 식을 보고 ?에 들어갈 숫자를 찾아보세요.

$$2 * 3 = 9$$
$$5 * 4 = 26$$
$$6 * 2 = 13$$
$$7 * 4 = ?$$

Day 005   다음에 이어지는 숫자는 무엇일까요?

| 2 | 9 | 3 | 1 | 8 | 4 | 3 | 6 | 5 | 7 | ? |

해설

Day 001
동그라미의 개수가 정답이랍니다. 그러므로 ?에 들어갈 숫자는 **5입니다.**

Day 002
이 문제는 숫자를 시간으로 푸는 문제입니다.
16+9=25, 25시는 1시. 이런 식으로 말이지요. 따라서 7+7=14, 14시는 2시이므로 **정답은 2입니다.**

Day 003
제일 작은 수를 차례대로 없애나가는 규칙을 찾을 수 있습니다. 따라서 **정답은 768입니다.**

Day 004
5*4=5+6+7+8=26
6*2=6+7=13
이런 식으로 옆 숫자 수만큼 연속된 수를 더하라는 규칙을 발견할 수 있습니다. 그러므로 ?에 들어갈 숫자는 **7*4=7+8+9+10=34입니다.**

Day 005
한 자리씩 건너뛰어 떼어보면
2, 3, 4, 5, 6…

9, 18(9×2), 36(9×4), 7…

이런 식으로 반복되는 것을 알 수 있습니다.

36 다음에 오는 수가 7로 시작되므로 9와 2의 제곱이 곱해지는 규칙임을 파악할 수 있습니다. 따라서 ?에 들어갈 숫자는 **2입니다.**

12 Week

Day 001   두 사람이 숫자 지우기 게임을 하기로 했는데, 게임의 규칙은 다음과 같습니다. 게임의 규칙을 고려해볼 때 먼저 시작하는 것이 유리할까요, 나중에 시작하는 것이 유리할까요?

〈규칙〉
- 칠판에 2~1990까지 숫자가 적혀있다.
- 두 사람이 순서대로 숫자를 한 개씩 지워나간다.
- 만일 서로소(공통된 약수가 1밖에 없는 수)인 두 수가 남으면 먼저 숫자를 지우기 시작한 사람이 이긴 것으로, 서로 소가 아닌 두 수가 남으면 나중에 숫자를 지우기 시작한 사람이 이긴 것으로 한다.

Day 002 100의 반을 2분의 1로 나누면 얼마일지 계산해 보세요.

Day 003 다음 중 가장 무거운 과일은 무엇일까요?

Day 004 가로 13cm, 세로 15cm인 직사각형 모양의 타일로 정사각형 벽을 채울 때 최소한 몇 개의 타일이 필요할까요?

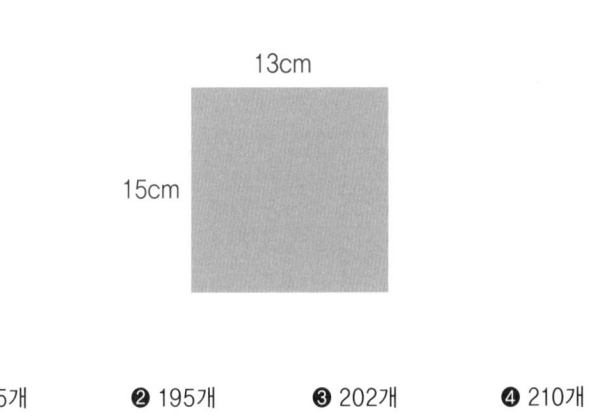

❶ 175개 ❷ 195개 ❸ 202개 ❹ 210개

Day 005   기호는 각각 다른 숫자를 나타냅니다. 각 줄의 기호를 더한 값이 다음과 같을 때, 물음표에 들어갈 숫자는 무엇일까요?

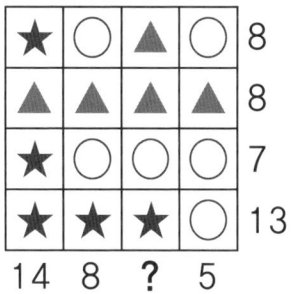

해설

Day 001
먼저 시작하는 것이 유리합니다.
서로소는 1외에 공약수가 없는 관계의 두 수입니다. 어떤 경우에 1밖에 공약수가 없을까요? 물론 다른 식으로 구할 수 있지만 당연히 연속하는 두 수입니다. 예를 들어 3과 4, 198과 199, 그리고 1900, 1901 같이 말이지요. 이 둘 사이에는 1말고 공약수가 없습니다.
칠판에 적힌 수들을 분석해보면, 짝수는 995개 홀수는 994개가 있습니다.
연속하는 홀, 짝 숫자끼리 묶어보면 2,3/4,5/6,7/8,9/10,11⋯1988,1989입니다. 만약 먼저 시작하는 사람이 제일 먼저 1990을 지운다면 먼저 시작하는 사람이 이기게 됩니다. 그다음부터는 두 번째 사람이 2를 지우면 첫 번째 사람은 3을 지우고, 두 번째 사람이 9를 지웠다면 첫 번째 사람은 8을 지우는 식으로 해나간다면, 결국 마지막에 남는 두 수는 연속하는 두 자연수 묶음 중 하나가 되기 때문이지요.

Day 002

$$\frac{\frac{100}{2}}{\frac{1}{2}} = \frac{200}{2} = 100$$

Day 003
무게 순서대로 정리해보면 오렌지>사과>포도>파인애플이 됩니다. 그러므로 가장 무거운 과일은 **오렌지**입니다.

Day 004 ❷번

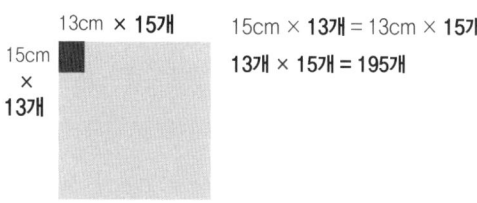

Day 005
둘째 줄 가로를 생각해볼 때, ▲×4=8 → ▲=2
첫째 줄 세로를 생각해볼 때, ★×3+2=14 → ★=4
셋째 줄 가로를 생각해볼 때, ●×3+4=7 → ●=1
그러므로 ?에 들어갈 숫자는 **2+2+1+4=9**입니다.

13 Week

Day 001 두 대의 자동차가 시속 60km의 속도로 양쪽에서 다가오고 있습니다. 차가 아직 2km쯤 떨어져 있을 때, 파리가 한 마리가 한쪽 차의 앞 범퍼로부터 출발, 맞은 쪽 차를 향해 시속 120km로 날아갔습니다. 파리는 그 차에 도착하자마자 다시 출발해서 되돌아가 두 대의 차가 충돌하기 직전까지 차 사이를 날아갑니다. 파리는 어느 정도 거리를 날았을까요?

Day 002 다음 지도에 적힌 숫자는 한 건물에서 다른 건물로 가기까지 걸리는 걸음을 표시한 것입니다. 집1과 집2를 모두 지나서 서점에서 학교를 거쳐 우체국까지 가는 가장 빠른 길은 몇 걸음이 걸릴까요?

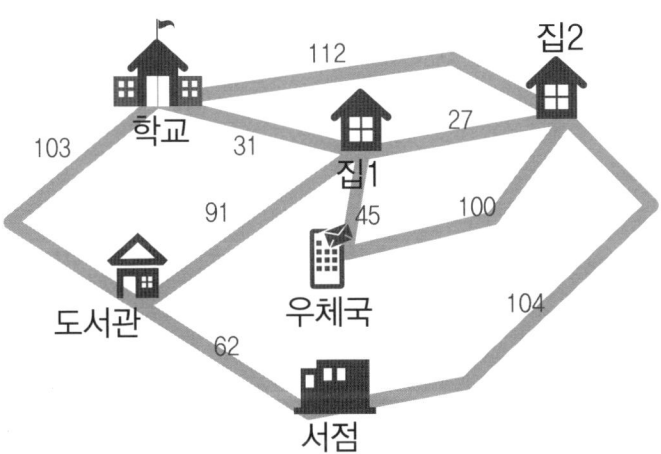

Day 003   다음 수열의 규칙을 파악하여 ?에 올 숫자를 찾아보세요.

| 1 | 8 | 11 | 69 | 88 | 96 | 101 | ? |

Day 004   다음 16개의 점들 중 점 4개를 이어서 정사각형을 만든다면 총 몇 개의 정사각형을 만들 수 있을까요?

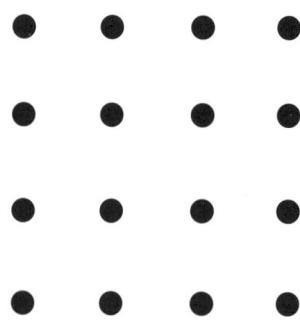

Day 005 어떤 수가 있습니다. 이 수를 3으로 나누면 2가 남고, 5로 나누면 4가 남고, 7로 나누면 1이 남습니다. 이 수는 몇일까요?

해설

Day 001

파리는 시속 120km를 날고, 자동차는 시속 60km를 납니다. 2km쯤 떨어져 있는 상황에서 두 차가 충돌하는 시간을 계산해보면 2분이지요. **시속 120km를 나는 파리는 2분 동안 4km를 날 수 있습니다.**

Day 002   238걸음

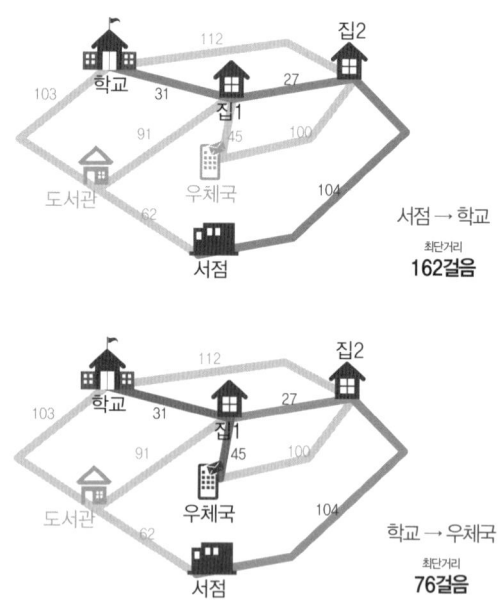

162걸음 + 76걸음 = 238걸음

Day 003 111

거꾸로 보아도 같은 숫자인 것을 순서대로 쓴다는 규칙을 찾을 수 있습니다. 따라서 ? 에 올 숫자는 111입니다.

Day 004 20개

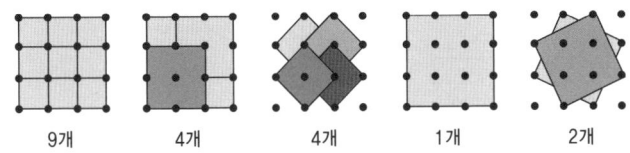

9개   4개   4개   1개   2개

Day 005 29

14 Week

Day 001 다음 수식을 보고 *가 의미하는 규칙에 알맞는 규칙을 다섯 가지 찾아보세요.

$$11 * 11 = 4$$
$$22 * 22 = 16$$
$$33 * 33 = ?$$

Day 002 다음 그림이 의미하는 숫자는 무엇일까요?

Day 003   다음 글이 의미하는 숫자 중 가장 작은 수를 찾아보세요.

> 나의 앞에 앉은 낯선 이여. 집중하라.
>
> 이 세 아이들은 모두 한 자리씩 꿰 차고 있다.
>
> 아이들은 세 갈래로 나뉘어진다.
>
> 나뉘어진 것들의 형태는 모두 같을지어다.
>
> 한 아이는 두 개의 공허함이 있으며
>
> 남은 두 아이 중 한 아이는 다른 한 아이보다 다리가 짧다.

Day 004   동전이 9개가 있습니다. 동전 9개 중 1개는 가짜이며 가짜는 진짜 동전보다 무게가 1g 적게 나갑니다. 손으로는 무게 구분이 불가능하다고 할 때, 양팔저울을 2번 이용해서 가짜 동전을 찾을 수 있는 방법은 무엇일까요?

Day 005   다음 수식을 풀어보세요.

$$6 - 1 \times 0 + 2 \div 2 = ?$$

해설

Day 001

❶ (1+1)×(1+1)=4
   (2+2)×(2+2)=16
   (3+3)×(3+3)=36

❷ 11∗11=4
   22∗22=4×4=16
   33∗33=4×4×4=64

❸ 11×11=121 → 1+2+1=4
   22×22=484 → 4+8+4=16
   33×33=1089 → 1+0+8+9=18

❹ 11∗11=(1×1)+(1×1)×2=4
   22∗22=(2×2)+(2×2)×2=16
   33∗33=(3×3)+(3×3)×2=36

❺ 11∗11=11×(1+1+1+1)÷11=4
   22∗22=22×(2+2+2+2)÷11=16
   33∗33=33×(3+3+3+3)÷11=36

Day 002   135231

흰 부분을 보면 숫자가 보이지요? 검은 네모 안에 꽉 차게 숫자가 그려져 있다고 보면 됩니다. 때론 관점을 바꾸는 것이 보지 못한 것을 보게 할 때가 있답니다.

Day 003   189

이 세 아이들은 모두 한 자리씩 꿰 차고 있다. ➔ 정답이 세 자리 수임을 의미

아이들은 세 갈래로 나뉘어진다. 나뉘어진 것들의 형태는 모두 같을지어다. ➔ 숫자가 3의 배수라는 의미

한 아이는 두 개의 공허함이 있으며 ➔ 숫자 중에 동그라미가 두 개 들어간 숫자는 8.

남은 두 아이 중 한 아이는 다른 한 아이보다 다리가 짧다. ➔ 숫자 중 다리가 있는 것은 1, 4, 7, 9이며 이들을 조합해 3의 배수가 되는 수를 찾아보면 됩니다.

3의 배수는 각 자리수를 더해 3으로 나눠지는 수이므로 3의 배수가 될 수 있는 조합을 구하면 1, 8, 9 또는 4, 8, 9 또는 7, 8, 9입니다. 그 중 가장 작은 수를 구하면 189입니다.

Day 004

양쪽에 3개, 3개씩 올려놓고 둘이 같으면 3개 중 하나가 진짜.

3:3해서 한쪽이 가벼운 것 3개 중 2개를 1:1로 올린다. 그 중 2개가 같으면 남는 하나가 가짜, 한쪽이 가벼우면 그게 가짜.

Day 005   7

×와 ÷먼저 풀어야 하는 것이 수식의 원칙이지요. 그러므로
6−(1×0)+(2÷2)=6−0+1=7입니다.

15 Week

Day 001   손가락을 엄지, 검지, 중지, 약지, 소지, 약지, 중지, 검지, 엄지, 검지, 중지, 약지, 소지, 약지… 이런 식으로 센다면 365번째는 어느 손가락일까요?

Day 002   다음 그림에서 ?에 들어갈 숫자를 보기에서 찾아 보세요.

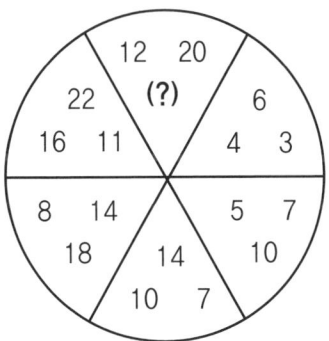

❶ 8   ❷ 10   ❸ 15   ❹ 22   ❺ 26

Day 003   다음 그림에서 몇 개의 정사각형을 찾을 수 있을까요?

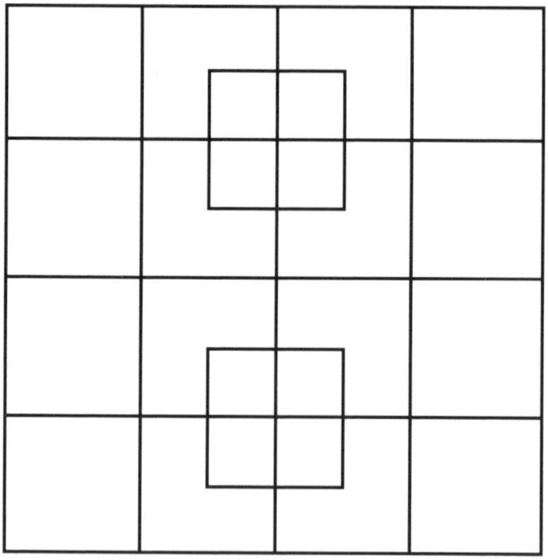

Day 004   각 빈칸 안에 들어갈 숫자를 찾아보세요.

```
8  6  8
6  6  8
□  □  □
1  0  6
```

Day 005   다음 수식의 답을 계산해보세요.

$$1+1+1+1+1$$
$$1+1+1+1+1$$
$$1+1\times 0+1=?$$

Day 001
엄지부터 소지까지, 소지부터 엄지까지 이동하는 숫자는 4개로 동일합니다.
8번이면 엄지로 돌아와 있는 수열이기 때문에 365번을 8 × 45 + 5 로 풀이 가능합니다.
즉 45번 왔다갔다한 다음 나머지 5를 움직인다는 의미이므로 엄지에서부터 5번째인 소지에서 멈추게 됩니다.

Day 002 ❺번 26

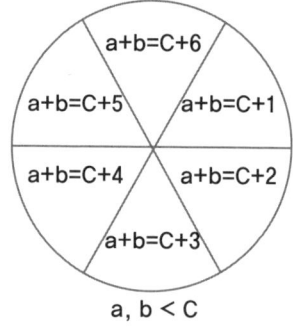

Day 003   40개

Day 004   006
뒤집어서 보면 901부터 898까지 숫자가 작아지고 있다는 것을 알 수 있습니다.

Day 005 30

줄바꿈이 함정이랍니다. 줄바꿈 사이에 수식이 없기 때문에 줄바꿈 없이 써본다면 수식은 1+1+1+1+11+1+1+1+11+1×0+1이 되겠지요. 곱하기를 먼저 계산하는 것은 다들 알고 있겠지요?

16 Week

Day 001　　1분에 20번의 호흡을 한다고 가정할 때, 숨을 쉴 때마다 산소값으로 1원을 내야 한다면 100살까지 살면 얼마를 내야 할까요?

Day 002　　A~B 4개의 그릇에 콩이 들어있습니다. A와 B를 합치면 C의 2배가 되고, B와 D를 합치면 A의 2배가 됩니다. B에서 7개를 덜어 A그릇에 넣으면 A그릇에는 B그릇보다 2배의 많은 콩이 담기게 됩니다. 이 중 콩의 개수가 54개인 그릇이 하나 있다고 할 때, A~D 중 어느 것일까요?

Day 003   다음 수식의 규칙을 파악하여 ?에 들어갈 숫자를 찾아보세요.

$$8 = 56$$
$$7 = 42$$
$$6 = 30$$
$$5 = 20$$
$$3 = ?$$

Day 004   다음 수열의 규칙을 파악하여 ?에 들어갈 숫자를 찾아보세요.

| 9 | 16 | 23 | 9 | 16 | 23 | 30 | ? |

Day 005 다음 수식의 규칙을 파악하여 ?에 들어갈 숫자를 찾아보세요.

$$7 * 2 = 15$$
$$3 * 3 = 12$$
$$4 * 4 = 22$$
$$17 * 3 = 6$$
$$20 * 2 = 17$$
$$11 * 3 = ?$$

해설

Day 001

100년은 100×365일×24시간×60분=52560000분=5.256×10의 7제곱분입니다. 즉 내야 할 산소값은 5.256×107분×20원/분=1×10의 9제곱원이니까 **약 10억 원을 내면 됩니다.**

Day 002

그냥 A, B, C, D를 미지수로 하고 적어보면

(1) A+B = 2C
(2) B+D = 2A
(3) A+7=2×(B−7)

(3)번 식만 제대로 세우면 이 문제는 다 푼 것과 같습니다. 이것이 안 되면 답 찾기가 어려워지지요. (3)번 식을 간단히 하면 A+21=2B이 됩니다. 홀수와 홀수가 더해져야 짝수가 나오기 때문에, 이 식에서 A는 홀수입니다. A가 홀수가 되면 (1)식에서 B도 홀수가 되어야 하네요. 또 (2)식에서 D도 홀수가 되어야 하고요. 그러면 짝수, **54가 될 수 있는 것은 C뿐입니다.**

Day 003   6

56=8×7
42=7×6
30=6×5
20=5×4

이런 식으로 자신보다 1 작은 수를 곱한 값을 적는다는 규칙을 발견할 수 있으므로 ?에 들어갈 숫자는 3×2=6입니다.

Day 004

9=2+7

16=9+7

23=16+7

이런 식으로 7이 더해지다가 다시 처음으로 돌아가 9, 16, 23이 반복되고 그다음 수 30=23+7이 나오는 규칙을 찾을 수 있습니다. 즉, 30 다음에는 다시 9부터 시작하여 마지막에 30+7=37이 오게 되겠지요. 그러므로 ?에 들어갈 숫자는 **9입니다.**

Day 005 **12**

아래의 규칙과 같이 연속된 자연수를 더해준 후 24로 나눈 나머지가 답입니다.

7＊2=7+8=15 ➡ 나머지 15

3＊3=3+4+5=12 ➡ 나머지 12

4＊4=4+5+6+7=22 ➡ 나머지 22

17＊3=17+18+19=54 ➡ 나머지 6

20＊2=20+21=41 ➡ 나머지 17

그러므로 11＊3=11+12+13=36 ➡ 나머지 12입니다.

Day 001 아래 그림은 위의 두 수의 차를 아래 칸에 써넣은 것입니다. 각 칸에는 1부터 10까지의 수가 한 번씩 쓰였다고 할 때, 가에 알맞은 수를 찾아보세요.

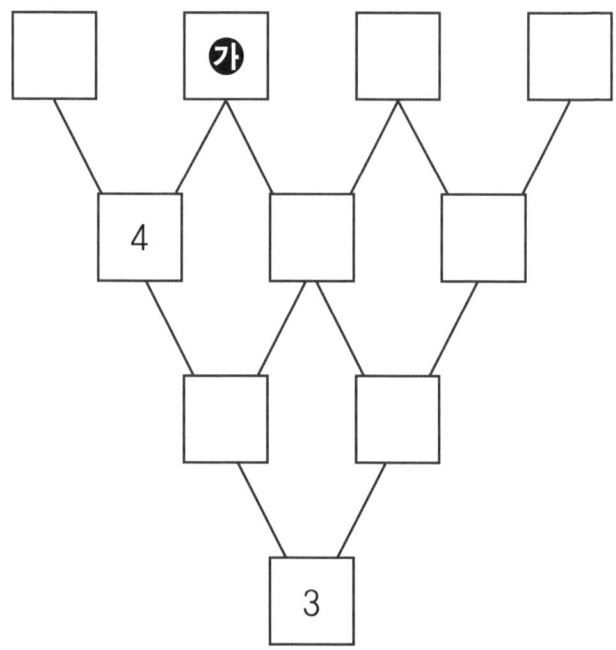

Day 002 다음 물음표에 들어갈 숫자는 무엇일까요?

Day 003 다음 수식의 규칙을 파악하여 ?에 들어갈 숫자를 찾아보세요.

5 * 3 * 2 = 151022

9 * 2 * 4 = 183652

8 * 6 * 3 = 482466

5 * 4 * 5 = 202541

7 * 2 * 5 = ?

Day 004   당신은 친구와 시계탑 앞에서 만나도록 약속을 했습니다. 그런데 친구는 정확한 시간을 알려주지 않고 이렇게 말했다고 할 때, 당신은 몇 시까지 시계탑으로 가야 할까요?

"우리가 만나기 3시간 전 시각은
오전 3시와 오후 3시 사이의 딱 중간에 있어."

Day 005   다음 표에는 규칙이 있습니다. ?에 들어갈 숫자는 각각 무엇일까요?

4	5	6	7	?	?
61	52	63	94	?	?

해설

Day 001   10

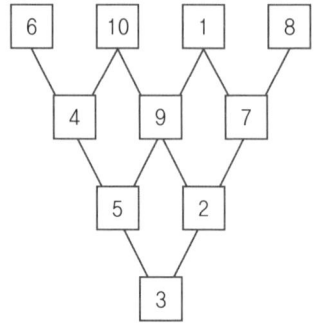

Day 002
99-72=27 이런 식으로 빼 나가는 규칙을 발견할 수 있습니다. 그러므로 ?에 들어갈 숫자는 **36-21=15입니다.**

Day 003
5×3=15
5×2=10
15+10-3=22
이런 식으로 순서대로 곱하고 두 수를 더해서 가운데 수를 뺀다는 규칙을 찾을 수 있습니다.
7×2=14
7×5=35

14+35-2=47

그러므로 ?에 들어갈 숫자는 **14354947입니다.**

Day 004   낮 12시

오전 3시와 오후 3시 사이의 12시간을 반으로 딱 가르는 시각은 오전 9시입니다. 오전 9시에서 3시간이 지나면 낮 12시이지요.

Day 005

위 칸의 제곱수를 구한 다음 일의 자리와 십의 자리를 바꾼 수가 아래 칸에 오게 됩니다. 그러므로 **정답은 8, 9, 46, 18입니다.**

4	5	6	7	8	9
61	52	63	94	46	18

재미있는 숫자 이야기 **1.**

'없음'이 숫자로 인정되기까지, 숫자 0 이야기

우리가 아무렇지 않게 사용하고 있는 숫자 0의 유래에 대해 알고 계신가요?

시간을 거슬러 먼 옛날로 가면 '0'이라는 숫자나 개념을 찾을 수 없습니다. 숫자 0은 존재하지 않았었지요. 그래서 105와 같은 숫자를 쓸 때는 1과 5 사이에 공간을 두어 표현을 했다고 합니다. 그런데 이런 표기가 간혹 혼동을 가져오는 경우가 있어서 상인들이 고안하여 만든 숫자가 바로 0입니다.

그럼 숫자 0의 형태는 지금과 같은 0이었을까요? 고대 바빌로니아의 점토판에 새겨진 쐐기 문자에서 0에 해당하는 기호를 찾을 수 있는데, 재미있는 그림문자로 나타냈다고 합니다. 그 외에 그리스, 마야, 중국 등에 모두 0에 대한 표현을 찾아볼 수는 있지만 0과 가장 비슷한 형태로 표현한 것은 바로 인도입니다.

　아라비아 숫자가 유래된 인도는 숫자와 연관이 깊은 나라이지요. 6세기 초 0을 의미하던 빈칸 대신 인도어 중 슈냐(Sunya)라는 말을 나타내는 작은 동그라미(●이나 ○)를 사용했다고 합니다. 하지만 이때도 0이 숫자로 인정을 받은 것은 아니라고 해요. '없음'을 숫자로 인식하기 시작한 것은 6세기 말부터였다고 하니, 지금 우리가 당연하다고 여기는 숫자 0의 탄생은 당시에는 또 하나의 작은 혁명이었던 셈이랍니다.

　혹시 우리 주변에 일어날 수 있는 작은 혁명들을 바쁜 일상에 젖어 놓치고 있는 건 아닐까요? 주변의 작은 개념, 모든 사물에 조금 더 주의 깊은 시선이 필요한 이유입니다.

From 18Week

to
34Week

18 Week

Day 001 다음 그림을 보고 물음표에 들어갈 숫자를 찾아보세요.

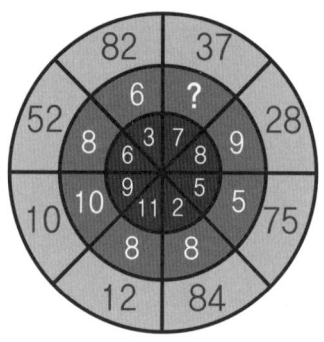

Day 002 다음 수식의 답은 무엇일까요?

2 + 2 + 2 + 2 + 2 + 2 + 2 + 2 + 2 + 2

2 + 2 x 0 + 2 = ?

Day 003   다음 수열의 규칙을 파악하여 ?에 들어갈 숫자를 찾아보세요.

| 3 | 9 | 81 | ? | 43046721 |

Day 004   다음 수열의 규칙을 파악하여 ?에 들어갈 숫자를 찾아보세요.

| 1 | 43 | 5 | 345 | 17 | 767 | 53 | 231 | ? |

Day 005 7분짜리 모래시계와 11분짜리 모래시계를 갖고 15분의 시간을 재는 방법은 무엇일까요?

(단, 처음 7분짜리와 11분짜리를 동시에 뒤집어 7분을 그냥 흘려보내는 방법을 제외한 방법으로 찾을 것)

Day 001

제일 안쪽 원의 숫자 x 그 바깥쪽 원의 숫자 + 가장 바깥쪽 원의 숫자 = 100이라는 규칙을 찾을 수 있습니다. 그러므로 ?에 들어갈 숫자는 **9입니다.**

Day 002

(2×9)+22+(2×0)+2=42입니다.

Day 003   6561

3
3×3=9
9×9=81
81×81=6561
6561×6561=43046721
그러므로 정답은 6561입니다.

Day 004   161

1×3 + 2 = 5
5×3 + 2 = 17
17×3 + 2 = 53
홀수 순서에 있는 숫자들에 이런 규칙이 적용되고 있음을 파악할 수 있습니다. 따라서 정답은 53×3+2=161

Day 005
❶ 7분짜리와 11분짜리를 동시에 재기 시작 (0분)
❷ 7분이 되면 7분짜리 모래시계를 뒤집는다. (7분)
❸ 11분이 되면 11분짜리가 아니라 7분짜리를 뒤집는다. (11분, 현재 7분짜리 모래시계에는 4분이 남는다.)
❹ 7분짜리 시계의 모래가 다 내려오면 15분 (15분)

19 Week

Day 001   12개의 사과가 있습니다. 이 중 하나를 벌레가 갉아 먹어 다른 사과들과 무게가 다릅니다. 양팔 저울을 이용해서 단 세 번 만에 벌레 먹은 사과를 찾아보세요.

Day 002   다음 제시된 숫자를 사용하여 덧셈으로만 20부터 50까지 만들어보세요. 단, 숫자 8만 두 번 사용할 수 있습니다.

> 1, 2, 4, 5, 7, 8, 10, 11, 13

Day 003   다음 수열의 규칙을 파악하여 ?에 들어갈 숫자를 찾아보세요.

2	5	6	7	11
6	10	12	9	20
8	10	?	4	18

Day 004   저울이 균형을 이루기 위해서 '?'에는 마름모 몇 개가 들어가야 할까요?

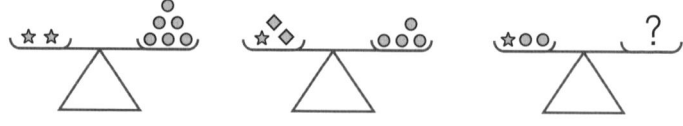

Day 005 다음 그림에서 시계들은 일정한 규칙에 의해 시간 (시:분:초)이 표시되어 있습니다. 물음표가 있는 시계에 들어갈 시간은 몇 시 몇 분 몇 초일까요?

해설

Day 001
임의로 사과에 번호를 붙여보겠습니다.
(경우 ❶) 1 2 3 4 VS 5 6 7 8 무게를 재고 9 10 11 12는 남겨놓습니다. (첫 번째 측정).
첫 번째 측정에서 무게가 같은 경우, 무게가 같으면 1 2 3 4 5 6 7 8은 정상
따라서 1 2 3 VS 9 10 11 측정(두 번째 측정), 무게 같으면 12가 벌레 먹은 사과이겠지요.
만약, 9 10 11이 가벼우면 9 VS 10 측정(세 번째 측정)합니다. 9, 10 사과의 무게가 같으면 남은 11이 벌레 먹은 사과이고, 무게 다르면 가벼운 쪽이 벌레 먹은 사과가 되겠지요.
(경우 ❷) 첫 번째 측정에서 한쪽이 가벼운 경우, 그쪽 편에 있는 4개의 사과 중 한 개에 벌레 먹은 사과가 있으므로 양쪽에 한 개씩 두 번 저울에 달아보면 벌레먹은 사과를 찾을 수 있습니다.

Day 002
1+2+4+5+8 = 20
2+4+7+8 = 21
1+2+4+7+8 = 22
1+2+5+7+8 = 23
1+2+5+8+8 = 24
1+4+5+7+8 = 25
2+4+5+7+8 = 26
1+2+4+5+7+8 = 27
1+2+4+5+8+8 = 28
1+2+4+5+7+10 = 29
1+2+4+7+8+8 = 30

1+2+5+7+8+8 = 31
1+2+4+7+8+10 = 32
1+4+5+7+8+8 = 33
2+4+5+7+8+8 = 34
1+2+4+5+7+8+8 = 35
2+4+5+7+8+10 = 36
1+2+4+5+7+8+10 = 37
1+2+4+5+8+8+10 = 38
1+2+4+5+8+8+11 = 39
1+2+4+7+8+8+10 = 40
1+2+5+7+8+8+10 = 41
1+2+5+7+8+8+11 = 42
1+4+5+7+8+8+10 = 43
2+4+5+7+8+8+10 = 44
1+2+4+5+7+8+8+10 = 45
1+2+4+5+7+8+8+11 = 46
2+4+5+7+8+10+11 = 47
1+2+4+5+7+8+10+11 = 48
1+2+4+5+8+8+10+11 = 49
1+2+4+5+7+8+10+13 = 50

Day 003
(마지막 줄의 숫자) = (두 번째 줄 숫자 - 첫 번째 줄 숫자) x 2배라는 규칙을 파악할 수 있습니다. 그러므로 물음표 안에 들어가는 숫자는 첫째와 둘째 줄의 차이인 6(=12-6)의 2배인 **12가 됩니다.**

Day 004   **12**

2★=6●

그러므로 1★=3●입니다.

이것을 두 번째 저울에 대입해보면,

1★+2◆=4●

3●+2◆=4●

1●=2◆이 됩니다.

그러므로 ?에 들어갈 마름모의 수는 **12개입니다.**

Day 005

시 자리의 규칙은 15, 15-3=12, 12-4=8, 8-5=3 이런 식이므로 ?의 시 자리에 들어갈 수는 3-6=9(3시에서 9시간을 거슬러 올라가므로)입니다.

분 자리의 규칙은 14, 14+4=18, 18+8=26, 26+16=42 이런 식이므로 ?의 분 자리에 들어갈 수는 42+32=14(60분은 1시간이므로 60을 뺀 나머지 수가 답이 됨)입니다.

초 자리의 규칙은 1, 1-1=0, 0-2=58(0에서 2를 빼는 것은 60초에서 2를 거슬러 올라가는 것과 같으므로), 58-3=55 이런 식이므로 ?의 초 자리에 들어갈 숫자는 55-4=51 입니다.

그러므로 **정답은 09 : 14 : 52입니다.**

Day 001   다음 수열의 규칙을 파악하여 ?에 올 수를 구하세요.

314   159   265   358   ?

Day 002   다음 수식의 규칙을 파악하여 ?에 들어갈 숫자를 찾아보세요.

3 ☆ 7 = 17

2 ☆ 5 = 12

6 ☆ 4 = 14

8 ☆ 3 = ?

Day 003   어떤 규칙에 따라 사각형 안에 숫자를 적었을 때, '?'에 들어갈 숫자는 무엇일까요?

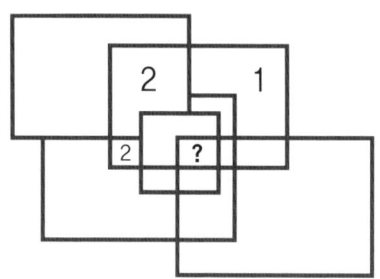

Day 004   다음 도형 안에 숫자들은 일정한 규칙에 의해 정해진 숫자입니다. ?에 들어갈 숫자는 무엇일까요?

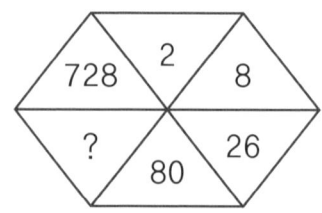

Day 005   다음 네 가지 색깔 칸들은 모두 각자의 고유 값을 가집니다. 이 값들을 일정한 규칙에 따라 가로로 혹은 세로로 계산한 결과가 바깥의 숫자라면, ?에 들어갈 숫자는 무엇일까요?
(단, 1~4행의 각 행마다 가로 합을 구한 값의 총합과, 1~4열의 각 열마다 세로 합을 구한 값의 총합은 같습니다.)

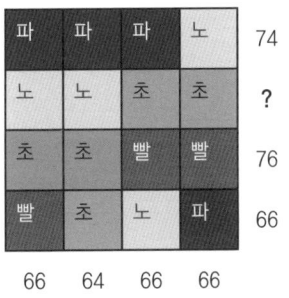

Day 001 979
이 숫자 나열들은 원주율을 세 자리씩 끊어서 써놓은 것입니다. 3.14159 265358 979323846… 이런 식으로 이어지기 때문에 정답은 979입니다.

Day 002 14
앞 숫자에 뒤 숫자의 두 배를 더한다는 규칙을 발견할 수 있습니다.

Day 003 4
겹쳐진 사각형의 수가 네모칸 안에 들어가는 숫자입니다.

Day 004
2부터 시계 방향으로 일정한 수가 더해집니다.

$2 + (2 \times 3) = 8$ $2 + 6 = 8$

$8 + (2 \times 3 \times 3) = 26$ $8 + 18 = 26$

$26 + (2 \times 3 \times 3 \times 3) = 80$ $26 + 54 = 80$

그러므로 ? 에 들어갈 숫자는 $80 + (2 \times 3 \times 3 \times 3 \times 3) = 80 + 162 = 242$입니다.

Day 005 46
1열, 3열, 4열의 합은 같다는 것을 알 수 있습니다. 그리고 이 값은 4행의 합과 같습니다. ?를 X라고 생각하고 식을 만들면 다음과 같습니다.

A=74+X+76+66=66+64+66+66=B, X=46

21 Week

Day 001 다음 수열의 규칙을 파악하여 ?에 들어갈 숫자를 찾아보세요.

```
131  228  331
430  531  630
731   ?   930
1031 1130 1231
```

Day 002   혜원과 정민은 번갈아 7 이하의 자연수를 임의로 택하여 계속 더해가는 게임을 하고 있습니다. 혜원이 먼저 7 이하의 수를 택한 다음 정민이가 6 이하의 수를 택하여 더하고 다시 혜원이 택해서 더하는 식으로 반복하여 합이 80이 되게 하는 사람이 이기는 게임으로, 이 게임의 승자는 누구일까요?

Day 003   3마리의 고양이가 3마리의 쥐를 잡는 데 걸리는 시간은 3분이라고 할 때, 100마리의 고양이가 100마리의 쥐를 잡는 데 걸리는 시간은 몇 분일까요?

Day 004

님게임은 두 사람이 성냥개비나 바둑돌을 번갈아 가져가다가 맨 마지막 성냥개비나 바둑돌을 가져가는 사람이 이기거나 지는 게임입니다. 이 님게임은 수학뿐 아니라 정치, 경제, 심리학까지 응용되는 이론이지요. 자, 다음 13개의 바둑돌을 다음과 같은 규칙으로 가져갈 때, 게임에서 이기려면 어떻게 바둑돌을 가져와야 할까요?

규칙❶ 두 사람이 번갈아 가며 한 번에 1개 또는 2개, 또는 3개를 가져올 수 있습니다.

규칙❷ 마지막 바둑돌을 가져오는 사람이 집니다.

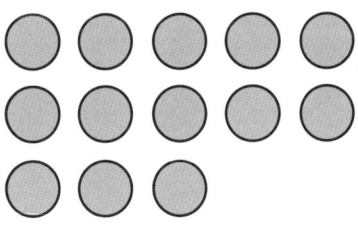

Day 005   다음 그림은 정사각형 모양의 종이를 접어 삼각형과 사각형 모양으로 구멍을 낸 후 다시 펼친 과정을 나타낸 것입니다. 다음 중 펼친 그림으로 알맞은 것은 무엇일까요?

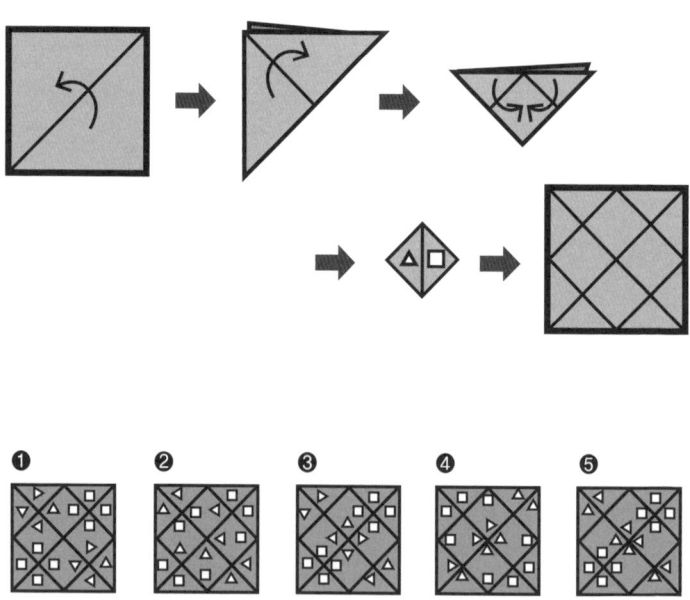

Day 001　831

이 수열은 달력 날짜를 나타낸 것입니다. 1월 31일, 2월 28일, 3월 31일 이런 식으로 1월부터 12월까지 마지막 날짜와 함께 써나간 것이지요. 그러므로 정답은 831입니다.

Day 002

정민이가 이깁니다. 만약 정민이가 합이 72가 되게 만들 수 있다면 혜원이 어떤 수를 더하든 바로 그다음에 정민이 80을 만들어 이길 수 있기 때문이지요. 마찬가지로 정민이가 64를 만들면 혜원이가 64에 어떤 수를 더하든 그 다음에 정민이는 72를 만들 수 있게 되어서 이길 수 있습니다. 이와 같이 거꾸로 해나가면 정민이가 72, 64, 56, 48, 40, 32, 24, 16, 8을 만들면 이기므로 혜원이가 어떤 수를 택하든지 정민이는 8부터 차례대로 만들어 나가면 반드시 이길 수 있습니다.

Day 003　3분

3마리의 고양이가 3마리의 쥐를 잡는 데 3분이 걸린다면 아무리 많은 고양이가 있어도 쥐의 수가 고양이의 수와 같다면 똑같이 3분이 걸립니다.

Day 004

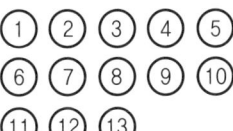

바둑돌에 다음과 같이 1~13까지 번호를 붙입니다.
13번을 상대방이 가져가게 하려면 마지막으로 12번을 가져와야 하고, 12번을 가져오려면 상대방이 그 전 차례에 9~11번을 가져가도록 해야 합니다. 상대방이 9번 이상을 가져가게 하려면 그 전에 8번을 가져와야 하고, 상대방이 그 전의 차례에 5번을 가져가도록 그 전의 차례에 4번을 가져와야 합니다. 따라서 게임에 이기려면 **두 번째로 시작해서 4, 8, 12번을 차례로 가져와야** 합니다.

Day 005   ❶번

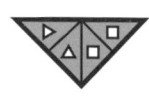 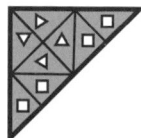 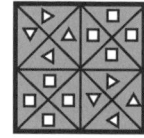

22 Week

Day 001   다음 괄호 안에 들어갈 수학기호를 식이 성립되도록 써 넣어보세요.

$$1 \ (\quad) \ 5 + 1 \ (\quad) \ 5 = 3$$

Day 002   물음표에 들어갈 숫자로 알맞은 숫자는 무엇일까요? (힌트 : 방향)

$$18 - 9 - 7 - ? - 20$$

Day 003 다음 도형에 들어간 숫자는 일정한 규칙을 갖고 있습니다. ?에 들어갈 숫자는 무엇일까요?

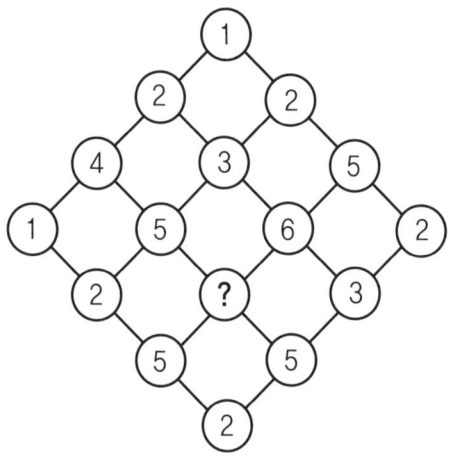

Day 004   A, B, C 세 사람과 원숭이 한 마리가 바나나를 똑같이 나누어 먹기로 하였습니다. 아무도 없을 때 A는 원숭이에게 1/4의 바나나를 먼저 주었습니다. 나머지는 셋이서 나눠먹으려고 생각했는데, A가 가고 나서 B가 다시 와서 원숭이에게 1/4의 바나나를 주었습니다. B가 가고 나서 C가 원숭이에게 1/4의 바나나를 주었습니다. 원숭이에게 바나나를 줄때 잘라서 주지 않았고(즉 4의 배수), 100개보다 적었다면 원숭이가 먹은 바나나는 몇 개일까요?

Day 005 아래 그림은 삼각형을 2개로 겹쳐서 만든 6개의 뿔이 있는 6각성입니다. 각 선의 교차점에 있는 12개의 원에 1에서부터 12까지의 수를 각각 한번만 사용해서 각 열(전부 6열)의 수의 합계가 모두 26이 되도록 만들어서 별을 완성해보세요.

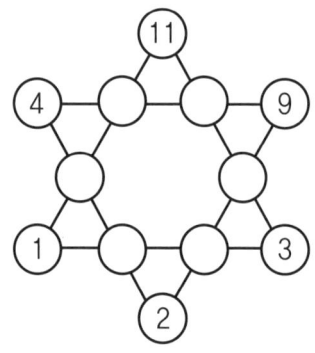

Day 001 1.5 + 1.5 = 3
소수점도 수학기호이므로 1.5+1.5=3 이라는 식이 성립됩니다.

Day 002 8
숫자와 알파벳의 순서를 응용해 푸는 문제입니다. 알파벳 순서를 a부터 z까지 붙여서 다음과 같이 글자를 조합할 수 있습니다.
18=r
9=i
7=g
?=?
20=t
r i g ? t
이것을 힌트인 방향과 연관지어 보면 '오른쪽' 즉, right가 됩니다. h는 8번째 알파벳이므로 정답은 8입니다.

Day 003 8
맨 왼쪽 작은 마름모를 보면 1+5=6, 4+2=6처럼 대각선 방향으로 서로 마주보고 있는 꼭짓점의 두 수의 합이 서로 같습니다. 따라서 ?에 들어갈 수는 8입니다.

Day 004 37개
처음 바나나의 개수는 4로 세 번 나누어 떨어지므로 4×4×4=64의 배수여야 하지만 100보다 적으므로 64입니다.

A가 준 바나나 64/4=16

B가 준 바나나 (64-16)/4=12

C가 준 바나나 (64-16-12)/4=9

그러므로 원숭이가 먹은 바나나의 총 개수는 37입니다.

Day 005

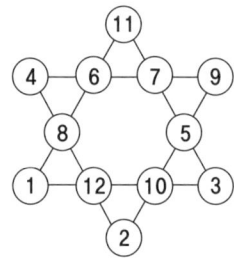

23 Week

Day 001 다음 수열의 규칙을 파악하여 ?에 들어갈 숫자를 찾아보세요.

```
    1    2    4    8
16    ?   154   605
```

Day 002 다음 도형에 들어간 숫자는 일정한 규칙을 갖고 있습니다. ?에 들어갈 숫자는 무엇일까요?

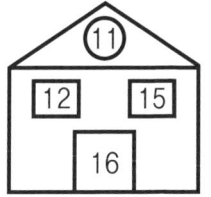 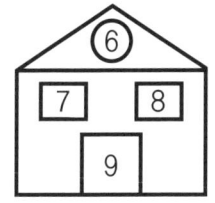 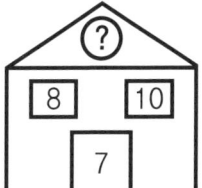

Day 003   어떤 상인이 양 90마리를 몰고 장터에 가기 위해 길을 나섰습니다. 그런데 갑자기 쏟아진 폭우로 강물이 불어 양들을 이끌고 강을 건널 수가 없었습니다. 마침 강에 있는 뱃사공에게 배로 건너게 해달라고 부탁하자 뱃사공은 뱃삯으로 건너다 주는 양의 절반을 달라고 했습니다. 그렇다면 이 상인은 몇 마리의 양을 뱃삯으로 내야 할까요?

Day 004   쟁반 위에 귤이 10개 있습니다. 10사람에게 귤을 하나씩 나누어 주고도 쟁반 위에 귤이 남아있게 하려면 어떻게 해야 할까요?

Day 005   다음 도식의 기호들은 아래의 규칙에 따라 주어진 문자나 숫자를 변화시킵니다. 그 규칙에 따를 때 ?에 들어갈 숫자는 무엇일까요?

$$4683C \times \diamondsuit \times \square \times \bullet = ?$$

598M24 × ●	= 3487L1
GH87B1 × ◇	= 1H87BG
246981 × □	= 189642

해설

Day 001   77

거꾸로 돌린 숫자를 더하면 됩니다.
8까지는 거꾸로 돌려도 똑같으므로 16이 나오지만, 16을 돌리면 61이 되고 그래서 16+61=77이 나옵니다. 다시 77을 돌리면 여전히 77이지요. 그래서 77+77=154, 154를 돌리면 451이기 때문에 154+451=605이 이어지게 됩니다.

Day 002

창문에 있는 두 수의 합과 현관에 있는 수의 차가 지붕의 수입니다. 따라서 ?에 들어갈 수는 **(8+10)−7=11**입니다.

Day 003   30마리

갖고 있는 양의 절반이 아닌 건너가는 양의 절반을 달라는 말에 힌트가 있습니다. 30마리를 먼저 준 다음 60마리가 건너가면 건너는 양의 절반을 달라는 조건에 들어맞습니다.

Day 004

마지막 사람에게 귤을 쟁반에 담아 건네면 됩니다. 어려운 계산으로 고민하셨나요? 가끔은 생각의 전환이 필요하답니다.

Day 005   B3275

598M24가 3487L1로 변환되었습니다. 여기서는 문자 M이 L로 바뀐 것과 네 번째 있던 것이 다섯 번째로 순서가 바뀐 것을 동시에 알아내야 합니다. 598M24의 맨 마지

막 숫자 4를 맨 앞으로 이동시킨 다음(4598M2), 여섯 개의 숫자와 문자에 모두 -1을 한 형태입니다. GH87B1이 1H87BG로 바뀐 것은 G와 1의 순서를 바꾼 것입니다. 246981이 189642로 바뀐 것은 숫자의 배열이 거꾸로 바뀐 것이지요.

그러므로 4683C×◆=C6834×■=4386C×◎=B3275입니다.

24 Week

Day 001   빈 칸에 들어갈 수 있는 수를 찾아보세요.

$$16 \leftarrow 4 \leftarrow 20 \leftarrow 42$$
$$\downarrow$$
$$37 \rightarrow \square \rightarrow 89 \rightarrow 145$$

Day 002   다음 수들의 공통점을 찾아보세요.

$$4, 5, 16, 19, 20, 21$$

Day 003   다음 도형들은 특별한 규칙을 가지고 변하고 있습니다. "?"에는 어떤 도형이 들어가야 할까요? ('보기'에서 선택해주세요)

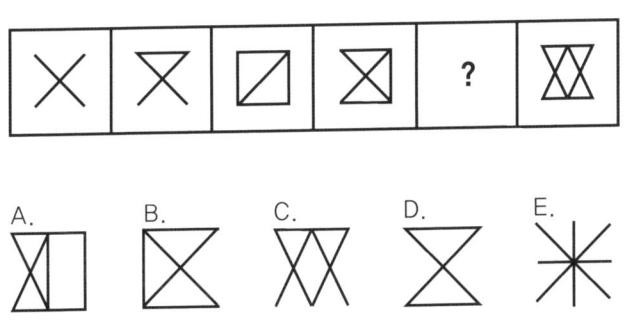

Day 004   건너가는 데 6일이 걸리는 사막이 있습니다. 한 사람이 4일분의 식량만 짊어질 수 있다면 아무도 죽지 않고 한 사람이라도 사막을 건너는 데 최소한 몇 명이 필요할까요? (단, 돌아오는 사람이 생겨도 상관없습니다.)

Day 005 그리스 말기의 대수학자 디오판토스의 비문에 새겨진 그의 나이에 관한 이야기는 매우 유명합니다. 그 비문의 내용은 당시 사람들이 풀기에는 무척 까다로운 문제였는데, 전해지는 비문에는 다음과 같이 새겨져 있습니다. 과연 디오판토스의 나이는 몇 살일까요?

> 보라! 여기 디오판토스의 일생에 관한 기록이 있다.
> 일생의 6분의 1은 청년이었다.
> 12분의 1 후에 수염이 자랐고 다시 7분의 1이 지나 결혼하였다.
> 5년 후에 낳은 아들은 아버지 나이의 꼭 반을 살았고 그는 아들이 죽은지 4년 후에 세상을 떠났다. 그가 몇 살까지 살았는가를 구해보라.

Day 001

42 ➡ 4×4+2×2 ➡ 20 ➡ 2×2+0×0 ➡ 4 ➡ 4×4 ➡ 16 ➡ 1×1+6×6 ➡ 37
이런 식의 규칙을 찾을 수 있습니다. 그러므로 정답은 **3×3+7×7 ➡ 58**입니다.

Day 002

4+21= 25 / 5+20 = 25 / 16+19= 35
맨 왼쪽 숫자 + 맨 오른쪽 숫자, 왼쪽에서 두 번째 숫자 + 오른쪽에서 두 번째 숫자… 이런 식으로 **숫자들을 더했을 때 끝자리가 5가 나오는 숫자**입니다.

Day 003   A

보기의 도형들은 0,1,2,3…의 순으로 면의 수가 늘어나고 있습니다.

Day 004   3명

첫 날 3명이 12일분의 짊어지고 가서 3일분을 먹으면 9일분이 남습니다.
둘째 날 1명이 1인분만 가지고 왔던 길로 돌아갑니다.(1일 걸림)
2명은 8일분을 짊어지고 가서 2일분을 먹었으므로 6일분이 남습니다.
셋째 날 1명이 2일분을 짊어지고 왔던 길로 돌아갑니다.(2일 걸림)
1명은 4일분을 짊어지고 나머지 4일간을 먹으면서 사막을 건너갑니다.

Day 005

디오판토스의 나이를 x라 하면 (x/6)+(x/12)+(x/7)+5+(x/2)+4=x라는 식을 만들 수 있습니다. 따라서 디오판토스는 **84세까지 살았음**을 알 수 있습니다.

Day 001   다음 도형은 일정한 규칙에 따라 배열되어 있습니다. 다음에 올 도형은 무엇일까요?

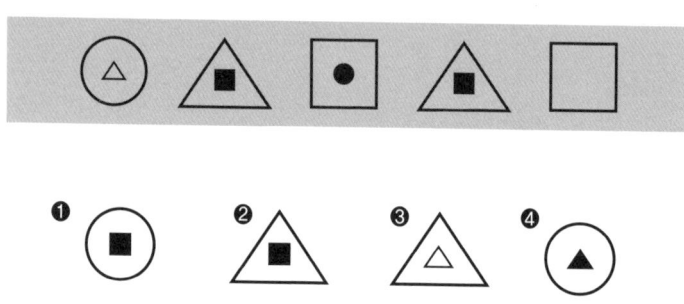

Day 002   대형 서점에서 책 빨리 읽기 대회를 개최했습니다. 10명이 참가하여 10시간 동안 10권의 책을 읽었습니다. 한 권을 읽는 데 걸리는 시간이 동일하다면 한 명의 참가자가 한 권의 책을 읽는 데 걸리는 시간은 얼마일까요?

Day 003   세 사람이 의자에 한 줄로 앉아 앞을 바라보고 있습니다. 이들에게 검은 모자 둘과 흰 모자 셋을 보여주고 눈을 감고 있는 동안 세 사람에게 모자를 씌웠습니다. 맨 뒤에 앉은 사람은 앞에 앉은 두 사람의 모자를 볼 수 있고, 가운데 앉은 사람은 맨 앞의 사람의 모자만 볼 수 있으며, 맨 앞에 앉은 사람은 어떤 모자도 볼 수 없습니다. 맨 뒤에 앉은 사람에게 자기 모자의 색을 알겠냐고 물었더니 모르겠다고 답했고, 가운데 앉은 사람 역시 자신의 모자 색을 모르겠다고 답했습니다. 그런데 맨 앞에 앉은 사람은 자신의 모자 색이 무엇인지 알겠다고 대답했습니다. 맨 앞사람의 모자는 무슨 색일까요?

Day 004   알베르트 아인슈타인Albert Einstein의 명찰에는 Einstein이라는 성에 따라 190이라는 숫자가 적혀 있다면, 해리 트루먼Harry S. Truman의 명찰에는 어떤 숫자가 들어가야 할까요?

Day 005   다음 그림과 같이 성냥개비가 놓여 있습니다. 이 중에서 성냥개비를 한 개만 옮겨 식이 맞도록 만들어 보세요.

해설

Day 001 ❷번
홀수 열의 도형 변화에 관계없이 짝수 열은 큰 삼각 작은 네모가 온다는 규칙을 발견할 수 있으므로 정답은 2번입니다.

Day 002 10시간
10명이 참가했다는 사실을 잊지 마세요.

Day 003
세 사람을 앞에서부터 a, b, c라고 할 때, 만약 a와 b가 모두 검은 모자를 쓰고 있다면 검은 모자가 둘뿐이므로 c는 자기 모자가 희다는 것을 알 수 있습니다. 따라서 a와 b의 모자는 둘 다 희던가 하나는 검고 하나는 흰 모자라야 합니다. 만약 a가 검은 모자라면 b가 자신이 흰 모자를 쓰고 있다는 것을 알 수 있는데 b 또한 모른다고 했으므로 **결국 a는 흰 모자를 쓰고 있다**는 것을 알 수 있습니다.

Day 004
철자에 있는 알파벳의 순서 번호를 다 더해서 2를 곱한다는 규칙을 찾을 수 있습니다.
2Einstein=2(5+9+14+19+20+5+9+14)=95×2=190
그러므로 정답은 **2truman=2(20+18+21+13+1+14)=87×2=174**

Day 005
더하기에 있는 세로 성냥 1개를 맨 왼쪽 성냥개비 왼쪽에 놓으면 111-11=1, 즉 **3개-2개=1개**가 됩니다.

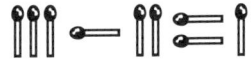

26 Week

Day 001 a, b, c, e, f, g는 1~9까지 정수 중 하나입니다. 다음 식이 성립하려면 a, b, c, e, f, g에 들어갈 숫자는 무엇일까요?

$$a+b+c = e \times f \times g$$

Day 002 6개의 9로 100을 만들어보세요.

Day 003   각각 다른 숫자인 A, B, C를 사용한 수식이 다음과 같을 때, A, B, C에 해당하는 숫자는 무엇일까요?

$$A + B = C$$
$$BAC + BCA = CAB$$

Day 004   다음 식에서 하나의 소수점만 바른 위치에 있습니다. 계산식의 정답이 450.857이라고 할 때, 올바른 계산이 되도록 나머지 소수점의 위치를 고쳐보세요.

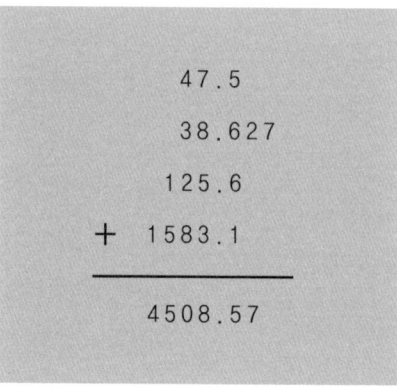

Day 005   a, b, c, d, e, f, g, h는 1~9까지 정수 중 하나입니다.
위의 식이 성립되는 a, b, c, d, e, f, g, h를 찾아보세요.

$$a+b+c+d=e \times f \times g \times h$$

해설

Day 001 a=9, b=8, c=4, e=1, f=3, g=7
9+8+4=21
1×3×7=21

Day 002
99+{(9÷9)×(9÷9)} 또는 (999−99)÷9

Day 003
A=5, B=4, C=9
A+B=C ➜ **5+4=9**
BAC+BCA=CAB ➜ **459+495=954**

Day 004
```
      47.5
     386.27
       1.256
 +    15.831
 ─────────────
     450.857
```


Day 005 a=9, b=8, c=7, d=6, e=1, f=2, g=3, h=5
9+8+7+6=30
1×2×3×5=30

150

27 Week

Day 001　　네 사람이 어두운 동굴을 지나 반대편에 도착하려고 합니다. 동굴은 너무 좁고 어두워서 손전등을 가지고 한 번에 2명까지만 지나다닐 수 있습니다. 건너는 데 걸리는 시간은 네 사람이 다 다른데, 각각 1분, 2분, 5분, 10분이 걸립니다. 2명이 가면 오래 걸리는 쪽에 보조를 맞춰서 가야 하고 2명이 지나간 후 손전등을 돌려주기 위해 한 명은 돌아가야 합니다. 17분 만에 모든 사람이 다 동굴을 지나려면 어떻게 해야 할까요?

Day 002 사과 72개를 사고 영수증을 받았는데 영수증이 물에 젖어 ? 부분의 숫자가 잘 보이지 않게 되었습니다. 사과 한 개의 값은 얼마였을까요?

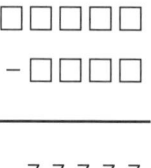

사과   72개   3?98?

Day 003 다음 수식의 빈 칸에 들어갈 숫자들을 찾아보세요. 단, 빈 칸에 들어가는 숫자는 1~9까지 각 한 번씩 밖에 사용할 수 없습니다.

□□□□□
- □□□□
─────
77777

Day 004 다음 수열의 규칙을 파악하여 ?에 들어갈 숫자를 찾아보세요.

```
16   88   484   2662   ( ? )
```

Day 005 다음 수열의 규칙을 파악하여 ?에 들어갈 숫자를 찾아보세요.

```
131   822   133   034
135   036   137   ???
```

해설

Day 001

1분 걸리는 사람과 2분 걸리는 사람이 갑니다.**(2분)**
1분 걸리는 사람이 돌아와 손전등을 줍니다.**(3분)**
5분 걸리는 사람과 10분 걸리는 사람이 갑니다.**(13분)**
2분 걸리는 사람이 돌아옵니다.**(15분)**
1분 걸리는 사람과 2분 걸리는 사람이 갑니다.**(17분)**

Day 002

사과 72개의 가격은 사과개수 72의 배수가 되어야 합니다. 72는 8과 9의 곱이니 당연히 8과 9의 배수가 되어야 함도 당연하지요.
자리수의 합이 9의 배수이면 그 수는 9의 배수가 됩니다. 8 곱하기 125가 1,000입니다. 4의 배수가 되기 위해서는 백 자리 수 미만 두 자리 수가 4의 배수이어야 하듯이 8의 배수가 되려면 1,000 자리 수 미만 세 자리가 8의 배수이어야 합니다.
그렇다면 우선 8의 배수가 되기 위해서 98?가 8로 나누어져야 합니다. 그러므로 984가 되어야 합니다. 물론 이 문제에서는 숫자가 하나로 확정됩니다. 이 수가 다시 9의 배수가 되기 위해서는 자리수의 합이 9의 배수가 되어야 합니다. ?를 제외한 네 개의 숫자 3, 9, 8, 4의 합이 24입니다. 9의 배수가 되기 위해서는 ?이 3이 되어야 합니다. 그러므로 사과 72개의 값은 33,984원입니다. 따라서 **사과 하나의 가격은 472원입니다.**

Day 003

87412-9635=77777 또는 84712-6935=77777

Day 004

16÷2×11=88
88÷2×11=484
484÷2×11=2662
이런 식의 규칙을 찾을 수 있습니다.
그러므로 ?에 들어갈 숫자는 **2662÷2×11=14641**입니다.

Day 005

1열의 1행과 2행, 3열의 1행과 2행의 앞 두 자리가 각각 같고, 2열2행이 4열1행과 앞 두 자리가 같으므로 2열1행과 4열2행의 앞 두 자리가 같다고 유추해볼 수 있습니다. 세 번째 자리 수는 왼쪽 위부터 순서대로 1234567… 커집니다. 그러므로 **답은 828입니다.**

Day 001 성냥개비 여섯 개로 삼각형 네 개를 만들어보세요.

Day 002 아래 표 안에 #과 ?에 들어가야 할 숫자는 각각 무엇일까요?

3	1	5	2	6
5	3	7	4	6
7	5	9	6	6
9	3	7	8	6
#	1	7	6	?

Day 003 다음 ?에 들어갈 숫자는 무엇일까요?

$$5 \rightarrow 9$$
$$7 \rightarrow 25$$
$$4 \rightarrow 4$$
$$6 \rightarrow ?$$

Day 004 다음 ?에 올 숫자는 무엇일까요?

$$3 \circ 4 = 14$$
$$5 \circ 5 = 36$$
$$2 \circ 6 = 13$$
$$8 \circ 5 = ?$$

Day 005   다음 수열의 규칙을 파악하여 ?에 들어갈 숫자를 찾아보세요.

> 58, 26, 16, 14, 10, ?

해설

Day 001

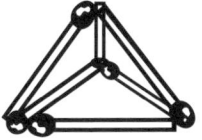

Day 002
1 – 26 = 5
53 – 46 = 7
이런 식으로 맨 앞 두 숫자와 맨 뒤 두 숫자의 차가 가운데 숫자라는 규칙을 알 수 있습니다.
따라서 **# = 7, ? = 4 입니다.**

Day 003 16
위의 셋을 보면 왼쪽 수에서 2를 뺀 후 제곱한 것과 같습니다.
즉, 5의 경우 5−2 = 3이고 3^2 = 9
7의 경우 7−2 = 5이고 5^2 = 25
4의 경우 4−2 = 2이고 2^2 = 4
그러므로 6=6−2=4, 4^2=16입니다.

Day 004
3○4 = 14
3+1=4 ➡ 뒷자리, 4×4=16의 십의 자리 숫자 1 ➡ 앞자리

5○5 = 36
5+1=6 ➡ 뒷자리, 6×5=30의 십의 자리 숫자 3 ➡ 앞자리
2○6 = 13
2+1=3 ➡ 뒷자리, 3×6=18의 십의 자리 숫자 1 ➡ 앞자리
그러므로 **정답은 43입니다.**

Day 005 2
(5+8)×2=26
(2+6)×2=16
(1+6)×2=14
(1+4)×2=10
이런 식의 규칙을 찾을 수 있습니다. 그러므로 ?에 들어갈 숫자는 **(1+0)×2=2입니다.**

29 Week

Day 001 콜라 1병에 100원하는 구멍가게가 있습니다. 가게에서는 빈병 2개를 가지고 오면 1병의 콜라를 공짜로 바꾸어줍니다. 만약 당신에게 1000원이 있다면 당신은 최대 몇 병의 콜라를 마실 수 있을까요?

Day 002 다음 조건을 만족하는 숫자는 무엇일까요?

> **조건 ❶** 세제곱수이다.
> **조건 ❷** 어떤 제곱수보다 1 작다.

Day 003   다음 조건을 만족하는 숫자는 무엇일까요?

> **조건 ❶** 이 수에 9를 곱하면 맨 뒤의 숫자를 맨 앞으로 보낸 것과 같다.
> **조건 ❷** 44자리 숫자다.

Day 004   다음 수열의 규칙을 파악하여 ?에 들어갈 숫자를 찾아보세요.

| 4 | 8 | 5 | 10 | 8 | 14 | 13 | ? |

Day 005   다음은 유클리드라는 유명한 수학자가 쓴 〈그리스 시화집〉에 나와 있는 문제입니다.

노새와 당나귀가 터벅터벅 자루를 운반하고 있습니다. 당나귀는 짐이 너무나 무겁다고 한탄을 하자 노새가 말했습니다.

"연약한 소녀가 울듯이 어째서 너는 한탄만 하고 있니? 네가 진 짐의 한 자루만 내 등에다 옮겨 놓으면 내 짐은 너의 두 배가 되는걸. 내 짐 한 자루만 네 등에다 옮기면 나와 너의 짐은 똑같아 지는걸."

노새는 몇 자루의 짐을 지고 있는 것일까요? 또, 당나귀는 몇 자루의 짐을 지고 있는 것일까요?

해설

Day 001 20병

❶ 1000원으로 100짜리 콜라를 10개 사먹는다.
❷ 빈병이 10개 남는다. 이것을 콜라로 바꾸면 5개의 콜라.
❸ 이렇게 해서 다 마시면 5개의 빈 병이 나오고 다시 콜라로 바꾸면 콜라 2병, 빈 병 1병이 된다.
❹ 2개의 콜라를 더 마시면 다시 빈병이 3개.
❺ 여기서 또 2병을 콜라로 바꾸면 콜라를 1개 더 마실 수 있다.
❻ 마지막 콜라를 마시고 1병의 빈병이 있으니, 가게 주인에게 외상으로 콜라 한 개를 더 마시고 그 병으로 원래 있던 빈병 + 외상 콜라 빈병으로 주인에게 갚는다.

Day 002 8

Day 003 10112359550561797752808988764044943820224719

조건 1이 되려면 이 숫자의 맨 앞자리의 수는 1, 마지막 자리 숫자는 9가 되어야 겠지요. 그리고 9를 곱해도 맨 앞자리가 9로 유지될 수 있는 44자리 숫자를 만들면 됩니다.

Day 004

+4 -3 +5 -2 +6 -1 되는 규칙을 발견할 수 있습니다. 즉, 한 수씩 건너뛰면서 +4 +5 +6…, -3 -2 -1…이 되는 것이지요. 그러므로 ?에 들어갈 숫자는 **13+7=20입니다**.

Day 005 당나귀 5개, 노새 7개

30 Week

Day 001 1, 2, 3, 4, 5, 6, 7, 8, 9를 단 한 번씩만 사용하여 다음 빈 칸을 채워보세요.

☐☐ + ☐☐ = ☐☐ + ☐ = ☐☐

Day 002 다음 숫자가 의미하는 단어는 무엇일까요? (힌트, 휴대폰)

0 1 2 0 0 8 8 2 3

Day 003   빈 칸에 알맞은 연산기호를 넣어보세요.

$$28 \;\square\; 4 \;\square\; 8 \;\square\; 21 \;\square\; 5 \;\square\; 58$$

Day 004   연산기호를 추가하지 않고 주어진 숫자 네 개를 움직여 등식이 성립하게 만들어보세요.

$$76 = 24$$

Day 005   다음 수열의 규칙을 파악하여 A, B의 수를 찾아보세요.

392
738
243
721
361
A
B

해설

Day 001   21+36 = 48+9 = 57

Day 002   암호
휴대폰 키패드는 종류가 많지요? 그 중 천지인 키패드로 숫자를 눌러보면 '암호'라는 글자가 나옵니다.

Day 003   28−4+8+21+5=58

Day 004
7의 지수 자리에 2를 두고 6을 뒤집어서 옮겨 7^2=49

Day 005
줄을 나누지 않고 이어서 보면 3927382437721361인데, 이것을 조금 다르게 끊어 보면 3927 3824 3721 361 이런 식이 됩니다. 즉,
3×9 = 27
3×8 = 24
3×7 = 21
이런 식으로 진행되는 규칙을 알 수 있습니다.
그러므로 A = 835, B = 153입니다.

31 Week

Day 001 1,000,000(백만)보다 작은 어떤 숫자를 맞추기 위해서는 최소한 몇 번의 질문을 해야 할까요?
질문에 대한 답은 예/아니요로만 할 수 있습니다.

Day 002   다음 수식의 규칙을 파악하여 A, B에 들어갈 숫자를 찾아보세요.

$$8868 = 0$$
$$7211 = 2$$
$$6666 = 6$$
$$9363 = 3$$
$$2756 = 2$$
$$8793 = 0$$
$$3838 = A$$
$$7774 = 7$$
$$3974 = B$$

Day 003   다음 수식에 선을 하나만 그어서 수식을 성립시켜 보세요.

$$7 + 7 + 30 = 777$$

Day 004   선 하나만을 추가해서 다음 식이 성립하도록 만들어 보세요.

$$IX = 6$$

Day 005   다음 ?에 들어갈 숫자는 무엇일까요?

3	6	5	6	3	4
7	0	2	1	8	6
6	2	5	1	5	2
1	1	9	5	4	7
4	7	2	0	8	3
2	0	6	0	3	8
3	1	4	0	1	9
1	0	7	1	1	5
0	8	7	0	2	?

해설

Day 001

500,000 이상인가요? → 예 라면 750,000 이상인가요? 아니오 라면 250,000 이상인가요?

이렇게 반씩 줄여 나가면서 질문을 할 수 있습니다.

가장 많이 질문을 해야하는 1이 정답이라는 가정으로 질문을 해보면

❶ 500,000 이상인가요? 아니요
❷ 250,000 이상인가요? 아니요
❸ 125,000 이상인가요? 아니요
❹ 62,500 이상인가요? 아니요
❺ 31,250 이상인가요? 아니요
❻ 15,625 이상인가요? 아니요
❼ 7,813(반올림) 이상인가요? 아니요
❽ 3,907(반올림) 이상인가요? 아니요
❾ 1,954(반올림) 이상인가요? 아니요
❿ 977 이상인가요? 아니요
⓫ 489 이상인가요? 아니요
⓬ 245 이상인가요? 아니요
⓭ 123 이상인가요? 아니요
⓮ 62 이상인가요? 아니요
⓯ 31 이상인가요? 아니요
⓰ 16 이상인가요? 아니요
⓱ 8 이상인가요? 아니요
⓲ 4 이상인가요? 아니요
⓳ 3인가요? 아니요
⓴ 2인가요? 아니요

그러므로 **적어도 20번 질문해야 합니다.**

Day 002

숫자를 9로 나눈 나머지입니다.
3838를 9로 나눈 나머지는 4
3974를 9로 나눈 나머지는 5
그러므로 **A = 4, B = 5**입니다.

Day 003

7 + 7 + 30 = 777
↳ 4
+ 기호에 왼쪽 위로 선을 하나 그어 4 를 만들면
747 + 30 = 777이 성립됩니다.

Day 004

IX 앞에 S자 곡선 하나만 붙이면, six가 되어 식이 성립합니다.

Day 005

가로 6개를 3개 3개로 나누어서 더한 값이 다음과 같습니다.
365+634=999, 702+186=888, 625+152=777, 119+547=666, 472+083=555, 206+238=444, 314+019=333, 107+115=222, 087+02?=111
그러므로 **?=4입니다.**

32 Week

Day 001   중요한 약속장소에 가는 날 하필이면 휴대폰과 시계를 두고 나왔습니다. 마침 차가 많이 막혀 약속장소에 제 시간에 도착할 수 있을지 알 수 없어 지나가는 사람에게 시간을 물어보았습니다. 그 사람이 다음과 같이 답했다면, 지금은 몇 시일까요?

*"지난 자정부터 지금까지 시간의 3분의 1은
앞으로 자정까지 남은 시간과 같다네."*

Day 002 다음 수식을 작대기 한 개만 더 그어 성립하게 만들어보세요.

$$1 - 1 = 1$$

Day 003 민지, 현호, 지수가 각자의 이마에 0보다 큰 정수의 숫자를 붙이고 있습니다. 각자 다른 두 사람의 숫자는 볼 수 있으나 자신의 숫자는 볼 수 없으며, 셋 중 한 명의 이마에 붙은 숫자는 나머지 두 사람의 이마에 붙은 숫자의 합입니다. 이러한 사실을 세 명 모두 알고 있다고 할 때 다음과 같이 말했다면 현호와 지수의 이마에 붙은 숫자는 무엇일까요?

민지 : 나는 내 숫자가 뭔지 모르겠어.
현호 : 나도 내 숫자가 뭔지 모르겠어.
지수 : 나도 내 숫자가 뭔지 모르겠어.
민지 : 그렇다면 내 숫자는 50이야.

Day 004   다음 ?에 들어갈 숫자는 무엇일까요?

415	728	1003	1118	820
15	10	20	20	13
430	807	1023	?	902

Day 005   다음 수식을 숫자와 숫자의 위치를 한 번만 바꿔서 성립하게 만들어보세요.

$$99 + 42 = 115$$

해설

Day 001

현재 시간을 x시 y분이라고 한다면 지난 자정부터 현재 시간까지 걸린 시간은 60x+y분이라고 할 수 있고 다음 자정까지 남은 시간은 1440-60x-y분이라고 할 수 있습니다. 따라서 다음과 같은 식을 세울 수 있습니다.

1/3(60x+y)=1440-60x-y
240x+3y=4320

그런데 x는 양의 정수이고 0은 y보다 작거나 같고 y는 60보다 작으므로 x=18, y=0일 때 이 등식이 성립합니다. 따라서 **현재 시간은 18시, 즉 오후 6시입니다.**

Day 002　1=1=1

Day 003　**현호 : 20, 지수 : 30**

만약에 숫자의 비율이 1:1:2라면 2에 해당하는 사람이 바로 자기 숫자를 알게 됩니다. 왜냐하면 자기의 숫자가 0이 될 수 없으므로 양 옆에 보이는 숫자의 합이 자기 숫자가 된다는 걸 알 수 있기 때문입니다.

또 만약에 숫자의 비율이 1:2:3이라면 숫자가 2에 해당하는 사람이 모른다고 하면 3에 해당하는 사람이 자기 숫자를 알게 됩니다. 왜냐하면 3인 사람 입장에서 봤을 때 보이는 숫자는 1과 2입니다. 아직은 이 시점에서 자기 숫자를 알 수 없습니다. 1일 수도 있고 3일 수도 있기 때문입니다. 그런데 2인 사람이 자기 숫자를 모른다고 했으면 3인 사람은 바로 자기 머리의 숫자가 1이 아니라는 것을 알게 되고 곧 자기 머리의 숫자가 3이라는 것을 맞추게 됩니다. 만약에 자기 숫자가 1이라면 2인 사람이 자기 숫자를 모를 리가 없기 때문입니다.

처음에 민지는 당연히 자기 숫자를 알지 못합니다. 자기 숫자가 10일 수도 있고 50일 수도 있기 때문입니다. 여기서 현호가 모른다고 했고, 지수도 모른다고 했습니다. 만약에 민지의 숫자가 10이라면 현호가 모른다고 했을 때 지수는 자기 숫자가 30이라는 것을 알아야 합니다. 그러나 지수가 알지 못한다고 말했기 때문에 민지는 자기 숫자가 10이 아니라는 걸 안 것이고, 50이라는 것을 맞힐 수 있었던 것입니다.

Day 004 1208

415 ➜ 4월 15일 + 15일 = 4월 30일 = 430
이런 식으로 날짜로 보고 계산한다면 ?에 들어갈 숫자는 1118 ➜ 11월 18일 + 20일 = 12월 8일 = 1208입니다.

Day 005 $99+4^2=115$

Day 001 숫자 10 열 개로 13을 만들어보세요. 단, 숫자 10 이외에 숫자를 쪼개거나 숫자를 뒤집을 수 없습니다.

Day 002 2를 다섯 번 사용하여서 28, 12321을 만들어보세요.

Day 003 1부터 9까지의 숫자를 한 번씩만 사용하여 다음 빈칸을 채워보세요.

$$\begin{array}{r} \square\square \\ \times\ \square \\ \hline \square\square \\ +\ \square\square \\ \hline \square\square \end{array}$$

Day 004   11+22+33=32이라면, 다음 ?에 들어갈 수는 무엇일까요?

$$25 + 52 = ?$$

Day 005   다음 수열의 규칙을 파악하여 빈칸에 들어갈 숫자들을 찾아보세요.

| 1 | 8 | 4 | 6 | 9 | 4 | 6 | 3 | ☐ | ☐ |

Day 001
(10+10+10+10+10+10+10+10+10)÷(10+10+10)+10=13

Day 002
22+2+2+2=28
$(222÷2)^2$=12321

Day 003
```
   17
  × 4
 ────
   68
  +25
 ────
   93
```

Day 004
1×1+2×2+3×3×3=32
→1+4+27=32
십의 자리에 있는 수를 일의 자리에 있는 수만큼 곱한다는 규칙을 보이고 있습니다. 따라서 ?에 들어갈 숫자는 **2×2×2×2×2+5×5=57**입니다.

Day 005
수열을 두 자리씩 끊으면 다음과 같이 됩니다.

18, 46, 94, 63
두 자리 숫자의 자리를 바꾸면 다음과 같습니다.
81, 64, 49, 36
→ 9×9, 8×8, 7×7, 6×6
이런 식의 규칙을 발견할 수 있습니다. 그러므로 **빈칸에 들어갈 숫자는 52입니다.**

34 Week

Day 001   다음 수식의 규칙을 파악하여 ?에 들어갈 수를 찾아보세요.

$$11 \times 11 = 4$$
$$23 \times 23 = 25$$
$$32 \times 32 = 25$$
$$44 \times 44 = 64$$

$$72 \times 81 = ??$$

Day 002   다음에 제시된 5개의 숫자들을 각각 0부터 10사이의 숫자가 되게 만들어 보세요. (순서를 바꾸거나 수식을 사용할 수 있습니다.)

$$6\,3 \rightarrow ?$$
$$5\,3\,1 \rightarrow ?$$
$$4\,1\,0\,3 \rightarrow ?$$
$$6\,0\,0\,3 \rightarrow ?$$
$$1\,5\,2\,0 \rightarrow ?$$

Day 003   ( )안에 ÷ × + -의 적당한 기호를 넣어서 다음 등식이 성립되게 해보세요.

3 ( ) 3 ( ) 3 ( ) = 1   3 ( ) 3 ( ) 3 ( ) = 2

3 ( ) 3 ( ) 3 ( ) = 3   3 ( ) 3 ( ) 3 ( ) = 4

3 ( ) 3 ( ) 3 ( ) = 5   3 ( ) 3 ( ) 3 ( ) = 6

3 ( ) 3 ( ) 3 ( ) = 7   3 ( ) 3 ( ) 3 ( ) = 8

3 ( ) 3 ( ) 3 ( ) = 9   3 ( ) 3 ( ) 3 ( ) = 10

Day 004 다음 수열의 규칙을 파악하여 ?에 들어갈 숫자를 찾아보세요.

> 10, 11, 12, 13, 14, 15, 16, 17, 20, 22, 24,
> 31, 100, 121, ?

Day 005 다음 ?에 들어갈 수는 무엇일까요?

> 12 36 13 22 26 72 95
> 51 ?   52 44 64 45 98
> 17 15 13 11   8   5   7

해설

Day 001

11×11=4　　　(1+1)×(1+1) = 4
23×23=25　　(2+3)×(2+3) = 25
32×32=25　　(3+2)×(3+2) = 25
44×44=64　　(4+4)×(4+4) = 64

이같은 규칙을 파악할 수 있습니다. 그러므로 ?에 들어갈 수는 **(7+2)×(8+1) = 81** 입니다.

Day 002

6+3=9
5+3+1=9
4+1+0+3=8
6+0+0+3=9
1+5+2+0=8

Day 003

(3+3)/3!=1
3−3/3=2
3+3−3=3
3+3/3=4
3!−3/3=5
3×3−3=6
3!+3/3=7

3!/3+3!=8
3+3+3=9
3+3!+3^0=10
(!는 팩토리얼로 n이 자연수일 때 n!은 1부터 n까지의 자연수들을 곱하는 것입니다. 3^0은 3의 0승을 의미하는 기호입니다.)

Day 004   10000
숫자 16을 16진수, 15진수, 14진수, … 2진수로 표현한 것입니다.
16을 16진수로 표현하면 10이고요.
계속 나가다가 10진수에서 그냥16이죠.
9진수는 17, 8진수 20, 7진수 22, 6진수 24, 5진수 31, 4진수 100, 3진수 121, 마지막으로 16을 2진수로 표현하면 10000입니다.

Day 005
맨 윗줄의 각 자리 숫자의 합 × 맨 아랫줄 숫자 = 가운데 숫자 라는 규칙을 파악할 수 있습니다. 따라서 정답은 **(3+6) × 15 = 135**입니다.

재미있는 숫자 이야기 2.

행운의 숫자 7?
재앙의 숫자 13?

우리가 흔히 알고 있는 행운의 숫자 7은 어디에서 유래된 것일까요? 그 기원을 서양의 종교 문화에서 비롯된 것이라고 말하는 사람들이 많습니다. 서양의 문화는 기독교에 영향을 많이 받았는데, 기독교에서는 7이라는 숫자를 완전 수라고 해서 긍정적으로 여기기 때문이지요. 하지만 이 럭키 세븐이라는 말이 널리 쓰이게 된 것은 1930년부터라고 합니다. 1930년 열린 야구 경기에서 뒤지고 있던 뉴욕 자이언츠가 7회에 대역전극을 펼치면서 7이라는 숫자가 행운의 상징으로 불리게 된 것이지요.

7처럼 행운의 숫자로 불리는 숫자가 있는가 하면 13과 같이 재앙의 숫자로 불리는 숫자도 있습니다. 13일의 금요일엔 불길한 일이 일어난다는 속설도 돌만큼 13은 많은 사람들이 꺼리는 숫자지요. 그런데 13일이 불길한 숫자로 여겨진 것은 우주와 연관이 있다고 합니다. 달 탐사를 위해 달로 향하던 우주선 아폴로 13호가 도중에 고장을 일으켜 달 착륙을 포기해야 했는데, 우연찮게도 아폴로 13호의 발사 일시가 4월 11일 13시 13분이었고, 비행 중 13일에 첫 사고가 발생한 데서 13이란 숫자가 재앙의 숫자로 사람들의 이름에 오르내리기 시작한 것이지요.

　사실 이렇게 특정 숫자를 좋아하고 싫어하는 것은 모두 일종의 징크스라고 할 수 있습니다. 그것은 동양과 서양, 나라 별로 좋아하는 숫자와 싫어하는 숫자가 다 다른 것만 보아도 알 수 있지요. 생각해보세요. 7회에 대역전극을 펼친 뉴욕 자이언츠에게는 7이 행운의 숫자이겠지만 상대편에게 7은 재앙의 숫자였을 겁니다. 우리가 두려워하는 징크스들이 인간들의 믿음과 바램이 만들어낸 허상은 아닐까요? 그러한 허상이 하나의 문화를 만들어 내고 사람들의 생각을 제한하는 것은 슬픈 일이 아닐 수 없는데요. 오늘부터라도 무의식중에 갖고 있었던 징크스들을 조금씩 깨보는 건 어떨까요? 평소와는 다른, 남들과는 다른 생각으로 축축 처진 두뇌에 새로운 활기와 창의력을 불어넣어 보세요.

From 35Week

to
52Week

35 Week

Day 001 다음 ?에 들어갈 수는 무엇일까요?

$$4 \quad 3 \quad 3 \quad 5 \quad 4 \quad ? \quad 3 \quad 5 \quad 5 \quad 4 \quad 3$$

Day 002 다음 수식의 정답은 무엇일까요?

$$(x-a)(x-b)(x-c)(x-d)(x-e)........(x-y)(x-z)=?$$

Day 003   다음 제시된 수열을 보고 맨 마지막 열의 다음 열을 써보세요.

A
A1
A111
A113
A11231
A112213111
?

Day 004   숫자 4 네 개를 이용해서 숫자 1~9를 만들어보세요. 단, 괄호를 포함하여 모든 연산기호를 사용할 수 있으나 44와 같이 숫자는 연속으로 사용할 수 없습니다.

Day **005**   다음 ?에 들어갈 수는 무엇일까요?

$$25 * 18 = 16$$
$$34 * 10 = 15$$
$$16 * 14 = 12$$
$$60 * 80 = A$$
$$A \times 100 = ?$$

해설

Day 001　3
이 숫자들을 다음과 같이 끊어보면
4335
4?355
43…
마지막에 555가 추가된다고 예상할 수 있으며, 5가 한 개씩 늘어나는 규칙이므로 ?에 들어갈 숫자는 3입니다.

Day 002　0
중간에 (x-x)가 있으므로 0이 곱해지기 때문에

Day 003　A11222113113
A - A가 1개 ➜ A1
A1 - A가 1개 1이 1개 ➜ A111
A111 - A가 1개 1이 3개 ➜ A113
A113 - A가 1개 1이 2개 3이 1개 ➜ A11231
A11231- A가 1개 1이 2개 2가 1개 3이 1개 1이 1개 ➜ A112213111
이런 식이므로 다음 열은 A가 1개 1이 2개 2가 2개 1이 1개 3이 1개 1이 3개 ➜ A11222113113입니다.

Day 004
(4+4-4)÷4 = 1

4÷4+4÷4 = 2
(4+4+4)÷4 = 3
(4−4)×4+4 = 4
(4×4+4)÷4 =5
4!÷4+4−4 = 6
4+4−4÷4 = 7
4+4+4−4 = 8
4+4+4÷4 = 9
!는 팩토리얼로 n이 자연수일 때 n!은 1부터 n까지의 자연수들을 곱하는 것입니다.

Day 005

25*18 ➡ 2+5+1+8=16
16*14 ➡ 1+6+1+4=12
그러므로 60+80=A=14
?에 들어갈 수는 **14×100=1400입니다.**

36 Week

Day 001   □에 해당하는 수를 찾아보세요.

(12)-(48)-(16)-(32)-(6)-(41)-□-(25)-(65)-(12)

Day 002   다음을 보고 ○, ●의 값을 찾아보세요.

A A A B 29
B B C D 58
C D B A 57
C D C B 75
● 49 ○ 40 +

Day **003**   다음 ?에 들어갈 수는 무엇일까요?

$$7+5=212$$
$$5+1=46$$
$$7+1=68$$
$$3+1=?$$

Day 004   다음 ?에 들어갈 수는 무엇일까요?

7+9=4
3+5=8
4+9=1
8+9=?

Day **005**   ◇에 해당하는 수를 찾아보세요.

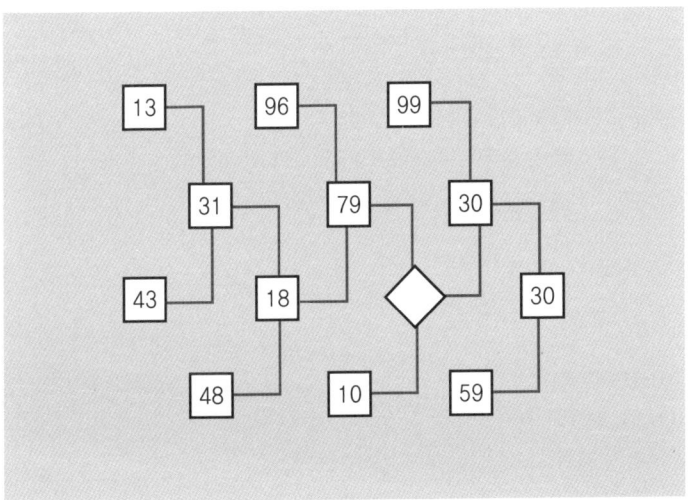

해설

Day 001
괄호를 풀면 다음과 같습니다.
12 48 16 32 6 41 □ 25 65 12
이것의 배치를 달리하면 다음과 같이 되지요.
1 2 4 8 16 32 64 1□ 256 512
1부터 시작해서 2씩 곱해나가는 규칙을 찾을 수 있습니다.
1□는 128이 되어야 하므로 빈칸에 들어갈 숫자는 **28입니다.**

Day 002
3A+B = 29
2B+C+D = 58
A+B+C+D = 57
B+2C+D = 75
A+B+2D = 49
A+2B+D = 40
과 같은 식을 만들어볼 수 있습니다.
이에 따르면 우리가 풀어야 하는 식은 바로 A+B+2C = ?, A+B+2C = ?입니다.
주어진 6개 식은 사실 4개식만 해도 A, B, C, D가 나옵니다.
2식에서 3식 빼면 B−A = 1이고
이것을 1식에서 빼면 4A = 28
A = 7이 됩니다. 그러면 B = 8이고 이를 나머지에 5, 6번째 식에 대입하면 2D = 34
가 되므로 D = 17 이 되고 구한 결과를 2,3번째에 대입하면 C = 25, 4번째에 대입하면
2C = 50이므로 C = 25가 됩니다.
즉, A = 7, B = 8, C = 25, D = 17이면 주어진 6개식을 모두 만족합니다.

따라서 A+B+2C = 7 + 8 + 50 = 65
두 동그라미는 모두 65입니다.

Day 003   24
첫 번째 7+5는 7-5=2, 그리고 7+5=12라서 앞에 빼기를 한 2와 12를 붙여 212가 된 것입니다. 두 번째도 5-1=4, 그리고 5+1=6, 그러므로 46입니다. 그러니 3+1도 3-1=2, 3+1=4로 붙여서 24입니다.

Day 004   5
시간으로 계산해보면 7+9는 16시이므로 4시입니다. 3+5는 8시입니다. 따라서 8+9=17시이므로 ?에 들어갈 수는 5입니다.

Day 005
숫자를 빼고 꺾인 선을 그려보면 다음과 같이 마치 왼쪽에서부터 오른쪽으로 올라가는 리그전의 형태를 찾을 수 있습니다. 그러면 다음과 같이 왼쪽에서부터 리그처럼 이어진 두 수를 뺀 수에 1을 더해가는 규칙을 발견할 수 있습니다.

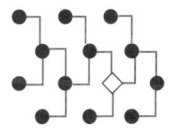

43 - 13 = 30 ➜ 30 + 1 = 31
96 - 18 = 78 ➜ 78 + 1 = 79
따라서 79 - 10 = 69 ➜ 69 + 1 = 70
◇는 70입니다.

37 Week

Day 001   20분 후면 가라앉게 될 여객선에 15명의 사람이 타고 있습니다. 정원 5명인 보트를 1척 사용하여 가까운 섬으로 피난하려고 하나 바다에는 식인 상어가 있으므로 헤엄을 쳐서 이동하는 것은 불가능한 상황입니다. 여객선과 섬을 왕복하는 데는 9분이 걸린다고 하면 배가 가라앉기 전에 몇 명을 살릴 수 있을까요?

Day 002 다음 도형들은 특별한 규칙을 가지고 나열되어 있습니다. 그렇다면 ?에 올 도형은 어떤 것일까요?

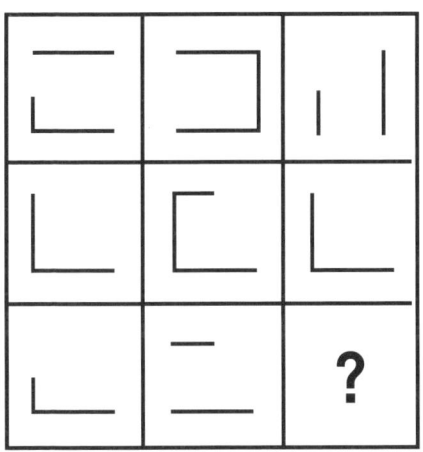

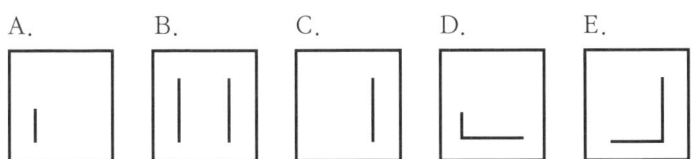

Day 003   갑, 을, 병 세 사람이 각각 10g, 20g, 30g 씩의 금을 가지고 있습니다. 세 사람은 금값이 1g 당 1000원 할 때 각각 얼마씩의 금을 팔았고, 그 후 금값이 1g 당 3000원이 되자 모두 나머지 금을 팔았습니다. 처음과 나중에 판 돈의 합계가 세 사람 모두 같다면, 3000원씩 할 때 세 사람이 판 금의 양(g)은 각각 얼마일까요? (단, 금을 팔 때는 소수점 없이 정수의 그램 단위로 팔았습니다.)

Day 004 정사각형 모양의 색종이를 다음과 같이 접습니다. 접을 때마다 펀치로 구멍을 뚫는데 2단계에서는 구멍 2개를, 3단계에서는 3개, 4단계에서는 4개를 뚫었습니다. 원래 있던 구멍과는 겹치지 않게 뚫었다고 할 때 색종이를 펼치면 몇 개의 구멍이 뚫려 있을까요?

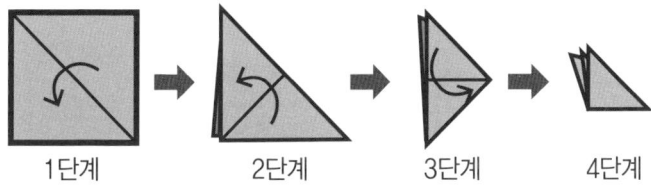

Day 005 다음처럼 물고기 모양으로 배치된 숫자들이 있습니다. ?에 들어갈 숫자는 무엇일까요?

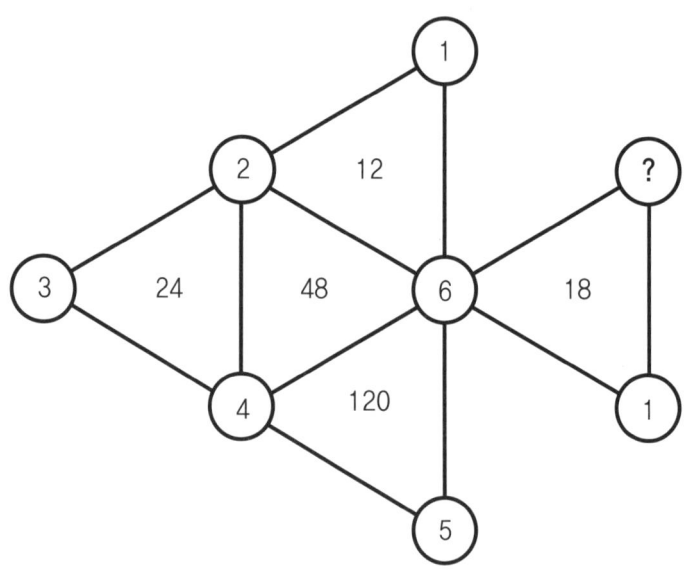

해설

Day 001
20분 안에 왕복할 수 있는 횟수는 2번입니다. 보트에 탈 수 있는 인원은 5명인데, 보트를 운전할 사람이 최소 1명 필요하기 때문에 처음에는 5명이 섬에 가서 1명이 돌아오고, 두 번째는 4명을 추가로 태워서 가기 때문에 9명을 섬에 데려다 놓을 수 있습니다. 그리고 남은 2분 동안 배가 가라앉기 전에 보트로 사람을 4명 더 태울 수 있으므로 **총 13명을 살릴 수 있습니다.** 여기서 주의할 점은 보트를 운전하는 사람을 계산하는 것과 마지막에는 다시 배로 돌아오지 않아도 되기 때문에 마지막 4명을 더 구할 수 있다는 것이랍니다.

Day 002
첫 번째 칸의 도형과 두 번째 칸의 도형을 겹쳤을 때, 둘 다 겹치는 부분이 세 번째 칸에 온다는 규칙을 발견하셨나요? 그러므로 정답은 **A**입니다.

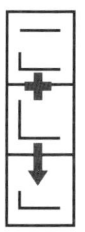

Day 003
금값이 1g 당 1000원 할 때 모두 팔았다고 가정해볼까요?
그러면 갑은 10000원, 을은 20000원, 병은 30000원을 가지게 됩니다.
그런데 금값이 1000원에서 3000원으로 2000원 올랐기 때문에 총액이 같으려면 3000원씩 할 때 팔 금의 양이 갑 〉 을 〉 병 순으로 5g씩 많아야 합니다.
그러므로 3000원씩 할 때 판 금의 양은 **갑이 10g, 을이 5g, 병이 0g**입니다.

Day 004
2단계 : 2(구멍 수)×2(종이 장 수)=4개

이런 식으로 계산해보면

3단계 : 3×4=12

4단계 : 4×8=32

따라서 구멍의 개수는 **4+12+32=48개**입니다.

Day 005

물고기를 이루고 있는 삼각형의 세 꼭짓점 수의 곱이 삼각형 내부의 수입니다. 따라서 **?
에 들어갈 숫자는 3입니다.**

38 Week

Day 001   한 수학자의 집에 방문한 학생이 이야기를 나누던 중에 수학자의 집에 아이들이 사는 것을 알고 수학자에게 아이에 대해 질문을 했습니다. 수학자는 자녀가 세 명인데, 나이를 알아맞혀 보라며 장난기 가득한 미소를 지었습니다. 다음 수학자와 학생의 대화를 토대로 아이들의 나이를 알아맞혀보세요.

> "아이들의 나이를 곱하면 36이 되고, 나이를 더하면 우리 집의 번지 수와 같다네."
> "아직 잘 모르겠어요. 힌트를 하나만 더 주세요."
> "제일 큰 아이는 바이올린을 배우고 있지."

Day 002 다음 수열의 규칙을 파악하여 ?에 올 수를 찾아보세요.

$$\frac{3}{4} \quad \frac{8}{9} \quad \frac{15}{16} \quad \frac{24}{25} \quad ?$$

Day 003 누나와 동생이 있습니다. 누나의 나이를 동생에게 3살 주면 나이는 4배 차이가 나고 누나의 나이를 동생에게 2살주면 나이는 2배 차이가 납니다. 누나와 동생의 나이는 각각 몇 살일까요?

Day 004 번식력이 아주 빠른 쥐가 있습니다. 그 쥐는 하루에 새끼를 2마리(수컷1마리, 암컷1마리)씩 낳고 그 쥐가 2일 동안 자라면 어른이 되어 새끼를 낳을 수 있습니다. 쥐 1마리가 번식을 시작한다면 30일 후에는 몇 마리가 될까요? (단, 이 쥐는 늙어 죽거나 굶어죽지 않습니다.)

Day 005 어느 마을에 100명의 사람과 100마리의 개가 살고 있었습니다. 이 마을 사람은 한 사람당 한 마리의 개를 키웠는데, 어느 날 한 여자가 마을에 와 개들 중에 미친개가 있다는 말을 남기고 떠났습니다. 사람들은 그 미친개를 찾기 위해서 모든 개들과 함께 마을광장으로 모였습니다. 첫째 날이 지나고 둘째 날, 셋째 날이 지나도 그 미친개는 나타나지 않았습니다. 넷째 날이 지나고 나서 사람들과 개들은 모두 흩어졌습니다. 그런데 갑자기 총성이 울렸고, 총성이 울린 곳으로 가보니 미친개가 죽어있었습니다. 미친개는 총 몇 마리였을까요?

힌트

❶ 내 개가 미친개인지 모른다.

❷ 상대방 개만 미친개인지 알 수 있다.

❸ 상대방 개의 주인한테 그 사실을 알릴 수 없다.

❹ 미친개는 주인만 죽일 수 있다.

해설

Day 001
아이들의 나이는 2살, 2살, 9살입니다.
일단 나이의 전체 곱이 36이라 했으므로, 숫자 3개를 곱해서 36이 되는 수를 보자면 아래의 조합을 만들 수 있습니다.
1, 1, 36 / 1, 2, 18 / 1, 3, 12 / 1, 4, 9 / 1, 6, 6 / 2, 2, 9 / 2, 3, 6 / 3, 3, 4
그런데, 학생은 집의 주소를 이미 알고 있었으면서도 애들 나이의 합은 집 주소와 같다는 힌트만으로는 나이를 알아맞히지 못했습니다. 이는 즉, 나이들을 더하면 그 집의 번지 수가 되는 조합이 있기는 한데, 그게 딱 하나만 있는 게 아니라서 그 중에 어느 게 정답인지 알 수가 없었다는 소리가 되는 거지요. 즉, 저 숫자들의 조합 중에서 세 개 숫자의 합이 같은 수로 겹치는 경우가 있다면 그것들 중의 하나가 바로 정답이라는 이야기가 됩니다.
따라서 각각의 경우들을 합산해 보면, 1, 6, 6의 조합과 2, 2, 9의 조합, 2개가 답이 겹친다는 것을 알 수 있습니다. 그리고 마지막 힌트인 '제일 큰 아이가 바이올린을 배우고 있다'는 것을 보면, 아이들 중에서 '제일 큰 아이'라는 개념이 존재한다는 의미가 됩니다.
하지만 1, 6, 6의 조합이라면 제일 큰 아이가 6살짜리 두 명이 되어, 이런 상황에서 '제일' 큰 아이라는 소리를 할 수는 없지요. 따라서 단 한 명의 나이 많은 아이가 있는 조합인 **2, 2, 9 조합이 정답**이라는 이야기가 됩니다.

Day 002
분자와 분모에 5, 7, 9… 이런 식으로 홀수를 더해가는 규칙을 찾을 수 있습니다. 그러므로 ?에 들어갈 수는 분자와 분모에 각 11을 더한 $\frac{35}{36}$입니다.

Day 003   누나 6살, 동생 6살

누나와 동생이 쌍둥이라고 보면 쉽게 답을 찾을 수 있습니다.

Day 004 한 마리
혼자서는 새끼를 낳을 수 없기 때문이지요.

Day 005
❶ 첫째 날 미친개가 나타나지 않았다. ➡ 미친개가 한 마리보다 많다. 만약 미친개가 한 마리였을 경우, 마을광장으로 모였을 때, 미친개의 주인이 볼 때 다른 사람의 개들 중 미친개가 없었을 겁니다. 여기서, 자신의 눈에 다른 미친개가 보이지 않는 사람이 바로 미친개의 주인입니다. 그럼 자신의 개가 미친개임을 알 수 있고, 그날 자신의 개를 없앴을 것입니다. 하지만 첫째 날이 그냥 지나간 것을 볼 때, 이는 미친개가 한 마리보다 많이 있음을 추측할 수 있습니다.
❷ 둘째 날 미친개가 나타나지 않았다. ➡ 미친개가 두 마리보다 많음을 알 수 있습니다. 첫째 날에는 아무 일도 없었기 때문에, 다음 날 마을사람 모두가 미친개는 한 마리 보다 많다는 것을 알 수 있을 겁니다. 광장에 모일 때, 미친개의 주인은 자신의 눈에는 똑같이 미친개가 한 마리만 보일 것이기 때문에, 이젠 자신의 개 또한 미친개였음을 추측할 수 있을 겁니다. (다른 미친개의 주인 입장도 마찬가지) 그럼 당일 두 주인 모두 자신의 개를 없앴을 겁니다.
❸ 셋째 날에도 미친개가 나타나지 않았다. ➡ 위와 같은 논리로 미친 개는 세 마리보다 많을 겁니다.
❹ 넷째 날 총성이 올렸다. ➡ 미친개는 네 마리인 것을 알 수 있습니다.

39 Week

Day 001 9그루의 나무를 심는 데에 10개의 방향의 어느 직선상에도 세 그루씩 나무를 나란히 심고 싶다면, 어떻게 해야 할까요?

Day 002 5^{999999} 을 7 로 나눈 나머지는 몇일까요?

Day 003 다섯 사람이 구덩이를 파고 있습니다. 5미터를 파는 데 다섯 사람이서 5시간이 걸린다면 100시간 동안 100미터를 파려면 몇 사람이 있으면 될까요?

Day 004 다음 그림에서 삼각형은 모두 몇 개일까요?

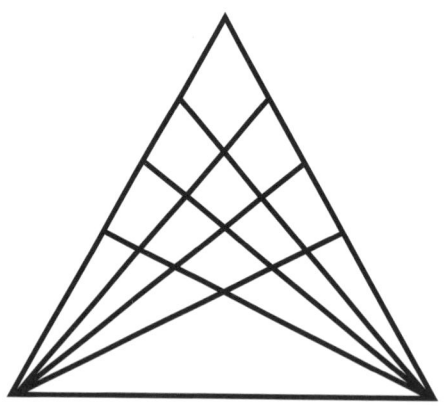

Day 005 버드나무 밑에 소가 있습니다. 소의 코에는 노끈이 달려있었으며 노끈의 길이는 1m였습니다. 버드나무로부터 2m 떨어진 곳에 과일바구니가 있었습니다. 소가 과일바구니를 손에 넣는 방법은 무엇일까요?

해설

Day 001

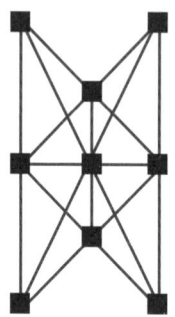

Day 002
0 1 2 3 4 5 / 6 7 8 … ☞ 5의 n승
1 5 4 6 2 3 / 1 5 4 … ☞ 나머지
이런 식으로 승이 거듭되면 나머지는 1546230 반복되는 규칙을 발견할 수 있습니다. 그러므로 5의 999999승을 7로 나눈 나머지는 **6입니다.**

Day 003
다섯 사람이 5미터를 파는 데 5시간이 걸린다면 100미터를 100시간 내에 파기 위해 100사람이 필요할 것이라고 생각하기 쉽겠지만 **정답은 다섯 명입니다.** 다섯 명이 5미터를 파기 위해 5시간이 걸렸다면 10미터를 파기 위해 걸리는 시간은 10시간일테고 이런 식으로 생각해보면 다섯 사람이 100미터를 파는 데 걸리는 시간은 100시간이라는 결론이 나오기 때문이지요.

Day 004 64개

Day 005 직진

노끈의 길이가 1m 소의 길이가 1m 둘의 합이 2m라고 해서 2m 떨어진 곳의 과일바구니를 손에 넣을 수 있다고 생각하지는 않았나요? 하지만 소의 코에 노끈이 달려있으므로, 합이 2m가 될수 없습니다. 소의 길이 1m, 노끈의 길이 1m가 중복되어 1m가 된다는 것입니다.

소의 코에 노끈이 달려 있다고 했지, 버드나무에 감겨 있다는 말은 지문 어디에도 없으므로 소는 직진만 하면 과일바구니를 손에 넣을 수 있습니다.

40 Week

Day 001 숫자 3 을 네 개 사용하여 답이 1부터 10까지 되는 식을 만들어 보세요.

Day 002 다음 ?에 들어갈 수는 무엇일까요?

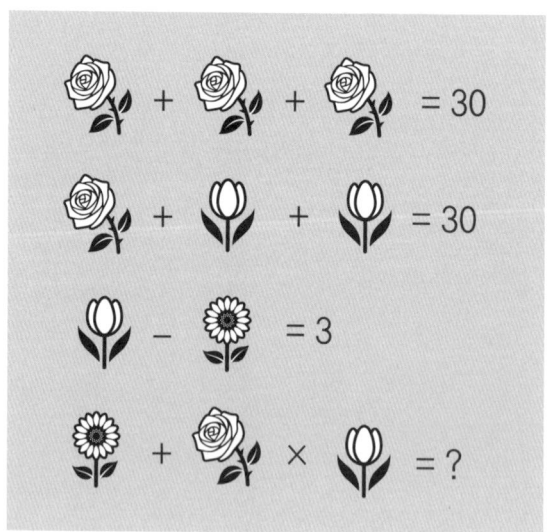

Day 003 1에서 14까지의 수를 원 안에 넣어서 칠각형의 각 변의 합이 26이 되게 만들어보세요

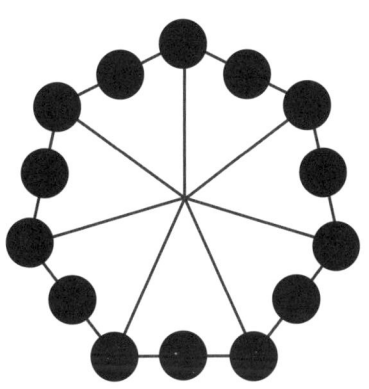

Day 004 숫자 3을 다섯 사용하여 답이 10이 되는 식을 만들어 보세요.

Day 005   다음과 같이 성냥개비로 만든 삼각형이 있습니다. 성냥개비 몇 개를 움직여 2개의 삼각형이 되게 만든 다음 다시 같은 수의 성냥개비를 움직여 4개의 삼각형이 되도록 만들려고 합니다. 그렇다면 성냥개비를 움직여야 하는 최소한의 횟수는 몇 번일까요?

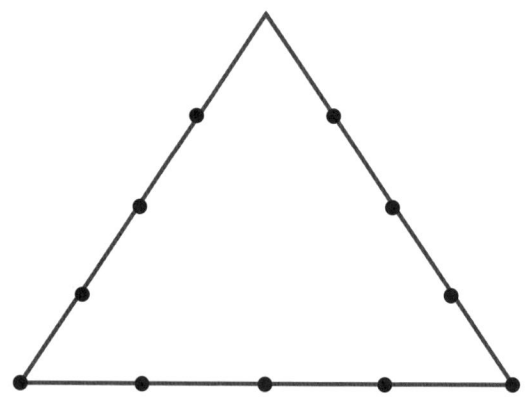

해설

Day 001

1 = (3÷3)×(3÷3)
2 = (3÷3)+(3÷3)
3 = (3+3+3)÷3
4 = (3×3+3)÷3
5 = (3+3)−(3÷3)
6 = (3+3)×(3÷3)
7 = (3+3)+(3÷3)
8 = (3×3)−(3÷3)
9 = (3×3)×(3÷3)
10 = (3×3)+(3÷3)

Day 002   107

첫 번째 식에서 장미 한 송이는 10이라는 것을 알 수 있습니다.
따라서 두 번째 식에 이것을 대입하면 튤립은 한 송이에 10라는 것을 알 수 있지요.
이것을 세 번째 식에 대입하면 해바라기는 70이라는 것을 알 수 있습니다. 따라서 ?에 들어갈 숫자는 107입니다.

Day 003

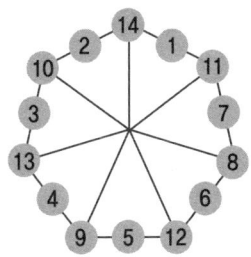

Day 004 (33÷3)−(3÷3) = 10

Day 005 8개

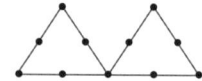 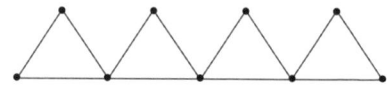

41 Week

Day 001   A와 B 두 사람이 사막을 여행하고 있었습니다. 두 사람은 식량으로 A는 2개, B는 3개의 빵을 준비했습니다. 점심시간이 되어 빵을 먹으려고 하는데 몹시 배가 고픈 나그네가 나타나서 그 빵을 셋이서 똑같이 나누어 먹었습니다. 그 나그네는 감사의 표시로 금화 5개를 내놓으면서 자기가 먹은 빵의 양에 상응하는 금화를 나누어 가지라고 말하고 떠났습니다. A는 자신의 빵이 2개였으므로 금화 2개를 가지고 B에게 3개의 금화를 주려고 하자 B는 계산이 맞지 않는다고 받지 않았습니다. 그러자 그 곳을 지나던 현명한 사람이 금화를 주고 떠난 나그네의 뜻대로 공평하게 금화를 나누어 주었습니다. 두 사람은 각각 몇 개의 금화를 나누어 가질 수 있었을까요?

Day 002 나는 육이라는 이름 가진 아이에요. 나에겐 여러 형제들이 있답니다. 하지만 전 바로 위의 형이 너무 두려워요. 나는 왜 두려운 걸까요?

Day 003 두 사람이 동시에 같은 힘으로 도르레의 줄을 5m씩 아래로 잡아당긴다면, 가운데의 짐은 몇 m 올라갈까요?

Day 004 어떤 사건 현장에 다음과 같은 암호가 남겨져 있었습니다.

> SEND MORE MONEY

각각의 알파벳은 0~9 중에 어느 하나의 숫자를 의미합니다. 예를 들어 E가 7을 의미한다고 하면 SEND, MORE, MONEY에 각각 7이 한 번씩 들어가 있는 셈입니다. 여기서 SEND + MORE = MONEY 라는 규칙이 성립한다고 합니다. 5자리의 숫자로 이루어진 MONEY가 의미하는 숫자를 찾아내보세요.

> ★ 힌트 ★
> SEND
> + MORE
> --------
> MONEY

★ 이같은 문제를 복면산 문제라고 부르는데, 이 문제는 헨리 어니스트 듀드니가 1924년에 발표한 문제랍니다.

Day 005　　《걸리버 여행기》라는 책을 보면 다음과 같은 구절이 나옵니다.

「… 그에게는 매일 릴리파트인의 1728명분의 식량과 음료수를 지급한다.」

「…300인의 요리사가 나를 위해 음식을 만들었다. 내 집의 주위에는 조그만 집이 지어졌고 그 곳에서 취사를 하고 요리사들도 가족과 함께 거기에 살았다. 식사 때에 나는 20명의 하인들을 식탁 위에 올려놓아 주었다. 그러자 바닥에 있는 100명 정도의 하인들이 대기하고 있으면서 어떤 사람은 음식물이 담긴 접시를 올리고…」

그렇다면 릴리파트인들은 어떤 계산에서 이렇게 많은 음식물의 양을 걸리버의 식사로 정했을까요? (단, 걸리버는 키는 릴리파트 인의 12배였다고 합니다.)

해설

Day 001
빵은 모두 5개이고, 사람은 3명이므로 한 사람이 5/3개씩의 빵을 먹은 셈입니다. 따라서 나그네는 1/3개의 빵에 대해 금화를 1개 내놓은 셈이지요.
A의 빵은 2개, 즉 6/3개였는데 그 중 5/3개는 자신이 먹고 나그네에게 1/3개의 빵을 주었으므로 금화 1개를 가질 수 있습니다. 또한 B는 빵이 3개, 즉 9/3개였으므로 그 중 5/3개는 자신이 먹고 나그네에게 4/3개의 빵을 주었으므로 **금화 4개를 가져야 합니다.**

Day 002 7이 9를 먹었기 때문
육의 바로 위의 형은 칠입니다. 영어로 쭉 나열해보면 one two three four five six seven eight nine인데, seven eight nine을 읽어보면 eight이 eat의 과거 ate과 발음이 같아 7이 9를 먹었다는 말처럼 들리지요. 다양한 각도로 생각해보는 것이 두뇌 회전에 큰 도움이 된답니다.

Day 003 5미터
양쪽에서 도르레의 줄을 잡아당겨도 서로 똑같은 길이만큼 올렸기 때문에 가운데 짐은 5m 올라가겠죠?

Day 004 10652
(SEND=9567 MORE=1085)

Day 005

릴리파트인은 걸리버 키의 12분의 1이지만 부피는 1728(=12×12×12)분의 1이 됩니다. 따라서 릴리파트 인은 걸리버에게 자기들의 1728명분에 해당하는 음식이 필요하다고 계산을 한 것이지요. 1728명분의 요리를 만드는 데는 한 사람의 릴리파트인의 요리사가 릴리파트인 6인분의 요리를 만들 수 있다고 해도 적어도 300명은 필요했을 테니 하인이 100명 정도 있었다는 것도 납득할 수 있습니다.

42 Week

Day 001   한 출판사에서 유명 작가의 소설을 출간하며, 책이 큰 인기를 얻으리라 예상하고 많이 인쇄를 했습니다. 실제로 이 책은 편집자의 기대를 저 버리지 않고 계속해서 주문이 쏟아졌습니다. 편집자는 사장에게 이렇게 보고했습니다.

"서점 500군데에서 각각 이 책이 하루 동안 20권 팔린다면, 각 서점에서 매일 똑같은 양의 책을 더 내놓아도 50일이면 다 팔립니다. 그런 서점이 800개라면, 마찬가지로 각 서점에서 매일 일정량을 보충 출고해도 25일이면 '완전히 팔린다'는 계산이 나옵니다."

처음에 내놓았던 책이 몇 권이고, 매일 몇 권을 더 내놓는단 이야기일까요?

Day 002 체육 선생님은 매번 30명의 학생을 다섯 사람씩 6열로 줄을 세웁니다. 그런데 어느 날 6명의 학생이 쉬게 되었습니다. 그럼에도 불구하고 선생님은 평상시와 같이 다섯 사람씩 6열을 만들려고 한다면 어떻게 세우면 될까요?

Day 003 다음 날 체육시간에도 6명의 학생이 쉬게 되었습니다. 체육 선생님은 고심 끝에 6명씩 6열을 만들어 학생들을 세웠습니다. 어떻게 했을까요?

Day 004   다음을 보고 '?'에 들어갈 숫자를 맞춰보세요.

```
            1
          2   2
        3   4   3
      4   3   3   4
    5   3   9   3   5
  6   ?   9   9   ?   6
7   9   9   9   9   9   7
8   9   9   9   9   9   9   8
```

Day 005　　다음 그림과 같이 로마수 등식을 만들었습니다. 그런데 10-1=1이라는 등식은 성립하지 않는 식입니다. 성냥개비 1개만 이동하여 바른 등식으로 만들어보세요

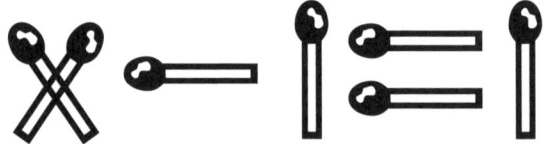

해설

Day 001

처음 출간한 책의 수를 a, 하루에 출고하는 책의 수를 b라고 하면 서점 500군데에서 50일 만에 책이 다 팔렸을 때의 식은 다음과 같습니다.

a(권) + 50(일) × b(권) = 20(권) × 500(개) × 50(일)

서점 800군데에서 25일 만에 책이 다 팔렸을 때의 식은 다음과 같습니다.

a(권) + 25(일) × b(권) = 20(권) × 800(개) × 25(일)

이 연립방정식을 풀면 a = 300000 , b = 4000

따라서 **처음 내 놓은 책은 30만 권**이고 **하루 4000권씩을 더 내놓았다**는 계산이 나오지요.

Day 002

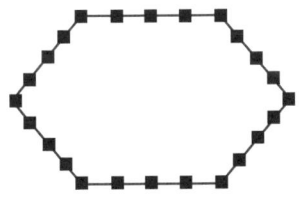

Day 003

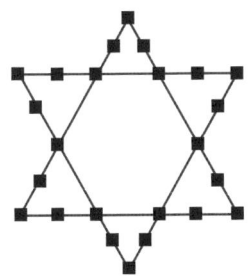

Day 004 6

먼저, 첫 번째 줄에는 1을 놓습니다. 그리고 두 번째 줄에는 2 2를 놓습니다. 세 번째 줄부터는 양 끝에 그 줄이 몇 번째 줄인지 적습니다. 8번째 줄까지만 하면 그림1과 같이 됩니다.

그다음에 ? 바로 위에 붙어있는 두 숫자를 곱합니다. 그래서 나온 수의 자리수를 모두 더합니다. 예를 들어서 ? 위에 3 4 가 있다면, 3×4=12이므로 1+2=3을 적으면 됩니다. 이런 식으로 채워나가면, 그림2처럼 됩니다.

```
       그림1  1                      그림2  1
              2 2                           2 2
             3 ? 3                         3 4 3
            4 ? ? 4                       4 3 3 4
           5 ? ? ? 5                     5 3 9 3 5
          6 ? ? ? ? 6                   6 6 9 9 6 6
         7 ? ? ? ? ? 7                 7 9 9 9 9 9 7
        8 ? ? ? ? ? ? 8               8 9 9 9 9 9 9 8
```

Day 005

43 Week

Day 001   24명의 사람이 회의장에 모였습니다. 모든 사람이 다른 사람과 악수를 한다고 할 때, 회의는 9시에 시작되고 각각의 악수는 30초가 걸리며, 각 30초 동안 12쌍이 악수를 합니다. 언제 모든 악수가 끝날까요?

Day 002 인도의 왕 Shirham은 신하인 Sisa BenDahir가 발명한 체스 게임을 아주 좋아해서 그에게 무엇이든 원하는 상을 주겠다고 약속했습니다. 신하는 "폐하, 체스판의 첫 번째 네모칸에는 밀알 하나를 얹어주시고, 두 번째 네모칸에는 두 개, 그다음에는 네 개, 다음에는 여덟 개, 이렇게 매번 두 배로 늘려가면서 체스판의 64개의 네모칸에 올려놓을 수 있는 밀알을 주십시오"하고 말했습니다. 대단치 않은 요구라고 생각한 왕은 대번에 승낙했으나 곧 자신이 처한 곤경을 깨닫게 되었답니다. 밀 한 말에는 약 250만 개의 밀알이 들어있고, 세계의 밀 생산량이 40억 말 정도라면 신하와의 약속을 지키기 위해서는 약 몇 년 동안의 밀 생산량이 필요할까요?

Day 003 우리 가족이 절벽에 고립됐어요. 우리 가족은 나, 동생, 엄마, 아빠, 할아버지로 이루어져 있는데, 삼엄한 경비를 피해 탈출하려면 밤중에 절벽에 있는 나무다리를 건너야 해요. 우리가 가지고 있는 손전등은 한 개인데, 30초면 꺼진답니다. 나무다리를 건너는데 걸리는 시간은 나는 1초, 동생은 3초, 엄마는 6초, 아빠는 8초, 할아버지는 12초로 딱 30초입니다. 하지만 나무다리는 1~2명이 한 번에 건널 수 있고 2명이 함께 갈 때는 시간이 오래 걸리는 쪽에 보폭을 맞춰야 해요. 30초 안에 우리 가족이 모두 절벽을 건너려면 어떻게 해야 할까요?

Day 004   어느 비오는 날, 명은이는 빨간 우산, 정은이는 파란 우산, 현아는 노란 우산을 들고 등교했습니다. 하교할 때, 이 아이들이 이름을 보지 않고 우산을 집었을 때 두 명이 제대로 가져갔다면 남은 한 명이 제대로 가져갈 수 있는 확률은 몇 퍼센트일까요?

Day 005   숫자 8 여덟 개로 1000을 만들어보세요.

해설

Day 001   오전 9시 11분 30초

첫 번째 사람은 두 번째, 세 번째… 이런 식으로 총 23번의 악수를 합니다. 두 번째 사람은 첫 번째 사람과 이미 악수를 했으니 첫 번째를 제외한 나머지 사람과 악수를 합니다. 이렇게 쭉 가다보면 마지막에서 두 번째 사람과 마지막 사람이 악수를 할 때 모든 사람이 악수를 종료하게 됩니다.

즉 23+22+21+20…+3+2+1.

그러므로 모든 사람이 악수를 할 때의 총 악수 횟수는 276회입니다.

악수는 30초가 걸리고 30초 동안 12쌍이 악수를 할 수 있다고 했으니, 총 횟수 276을 12로 나눕니다. 그럼 12쌍의 악수를 총 23번 해야 악수가 끝난다는 사실을 알 수 있지요. 그러므로 23x30을 하면 690, 즉 악수를 하는 데 걸리는 시간은 690초라는 사실을 알 수 있습니다. 1분이 60초이기 때문에 690을 60으로 나누면 11.5가 나옵니다. 즉, 11분 30초 후에 악수를 모두 마칠 수 있음을 알 수 있습니다.

Day 002   1845년

전체 밀알의 합은 1+2+22+23+24+…+263= 264-1입니다. 이것을 말로 환산한 후(250만으로 나눔), 세계 1년 밀 생산량(40억)으로 나누면 약 1845년이 나옵니다.

Day 003

첫 번째 : 나와 동생이 나무다리를 건넙니다.(3초)
두 번째 : 나는 다시 돌아옵니다.(1초)
세 번째 : 아빠와 할아버지가 같이 갑니다.(12초)
네 번째 : 동생이 다시 돌아옵니다.(3초)
다섯 번째 : 엄마와 내가 다리를 건너갑니다.(6초)

여섯 번째 : 나는 다시 돌아옵니다. (1초)
마지막 번째: 나와 동생이 같이 걸어옵니다. (3초)

Day 004   100퍼센트
두 명이 제대로 가져갔으면 남은 한 명의 우산만 남아 있기 때문에 잘못 가져갈 확률은 없지요.

Day 005   888+88+8+8+8=1000

Day 001   1부터 16까지의 숫자를 한 번씩만 사용해서 가로, 세로, 대각선의 합이 각각 34가 되도록 숫자를 넣어보세요.

16	2	?	?
?	11	10	8
9	7	6	?
4	14	?	1

Day 002   그림과 같은 도형이 하나 있습니다. 이것을 모양과 크기가 같은 네 개의 작은 도형으로 나누어보세요.

Day 003 다음 수열들의 규칙을 파악하여 ?에 들어갈 수를 구해보세요.

$$4 - 9 - 61 - 52 - 63 - (\bigstar)$$

$$1\,2\,1\,1\,2\,2$$
$$1\,1\,2\,1\,1\,2\,2\,2$$
$$1\,2\,2\,1\,1\,2\,2\,3$$
$$1\,1\,2\,2\,1\,2\,2\,2\,3\,1$$
$$1\,2\,2\,2\,1\,1\,2\,3\,3\,1\,1\,1$$
$$1\,1\,(\,\bigstar\,)\,2\,2\,1\,3\,2\,1\,3$$

$$\bigstar + \bigstar = ?$$

Day **004**

다음은 어떤 숫자에 대한 설명입니다. 어떤 숫자일까요?

❶ 다섯 자리 자연수이다.
❷ xyzyx의 모양이다.
❸ 일의 자리수와 백의 자리수를 더하면 14가 된다.
❹ 일의 자리수와 백의 자리수를 곱하면 48이 된다.
❺ 십의 자리수와 백의 자리수를 더하면 6이 된다.

Day 005 A는 직장에서 퇴근하여 매일 정각 5시에 지하철역에 도착합니다. 그리고 그의 아내가 그를 데리러 차를 가지고 정각 5시까지 지하철역으로 나옵니다. 하루는 일이 일찍 끝나 정각 4시에 지하철역에 도착하였습니다. 날씨도 쾌청하고 기분도 상쾌하여 오랜만에 산책을 하고 싶어 걸어가는 도중에 길가에서 부인을 만났습니다. 그리고 집에 돌아왔을 때 그는 평소보다 10분 일찍 집에 도착했습니다. 만약, 그의 부인이 차를 운전하는 속도가 일정하고 그의 부인이 평소와 마찬가지로 정각 5시에 지하철역에 도착하기 위하여 집을 출발하였다면, A가 그의 부인을 길에서 만나서 부인의 차를 타고 집으로 돌아오기까지 지하철역에서부터 몇 분을 걸었을까요?

Day 001

16	2	3	13
5	11	10	8
9	7	6	12
4	14	15	1

Day 002

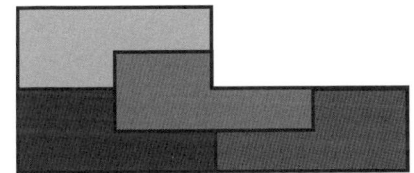

Day 003

먼저 첫 번째 수열을 보면,

4 - 9 - 61 - 52 - 63 - (★)

2×2=4, 3×3=9, 4×4=16, 5×5=25, 6×6=36, 7×7=49 이런 식을 십의 자리 숫자와 일의 자리 숫자를 바꾸어 나열한 것임을 알 수 있습니다. 따라서 ★ = 94입니다.
두 번째 수열은 일이 하나, 이가 하나, 일이 두 개, 이가 두 개… 이런 식으로 윗줄에 나열된 숫자와 그 숫자의 수를 나열해나간 것입니다. 따라서 ☆ = 231입니다.
따라서 ★ + ☆ = 94 + 231 = 325입니다.

해설

Day 004

위 조건을 식으로 나타내보면

x + z = 14

x × z = 48

y + z = 6

이 식을 풀어보면

x = 14 − z

z(14 − z) = 48

14z − z² = 48

z² − 14z + 48 = 0

z = 6,8

y + z = 6

z = 6 일때 y = 0

z = 8 일때 y = −2 (y는 자연수이므로 성립 x)

따라서, z = 6, y = 0, x = 8이므로 **정답은 80608입니다.**

Day 005

보통보다 10분 일찍 도착했다고 하니, 지하철역으로 가는 도중 차와 A가 만난 시간은 평소보다 5분 일찍입니다. 그래야 돌아오는 시간도 5분이 절약돼 10분 일찍 도착할 수 있지요. 즉, 목표 지점에서 차로 5분 거리 앞에서 A를 만난 겁니다. 따라서 **부인과 만나는 지점에서의 시계 시간은 4시 55분, 지하철역에서 4시에 출발한 A가 걸었던 시간은 55분이 됩니다.**

45 Week

Day 001　　한 여성에게 A와 B라는 두 아들이 있습니다. A는 B보다 나이가 세 배 많고 A의 나이를 제곱한 수는 B의 나이를 세제곱한 수와 같습니다. A의 나이에서 B의 나이를 빼면, 이 집의 현관에 이르는 계단 개수와 같고, B의 나이와 A의 나이를 더하면 이 집 울타리의 말뚝 개수와 같습니다. 두 사람의 나이를 곱하면 이 집 현관의 벽돌 개수와 같습니다. 그리고 이들 세 가지를 모두 더하면 이 집 번지수인 297이 나옵니다. 그렇다면 두 아들은 각각 몇 살일까요?

Day 002 다음 그림처럼 동그라미를 옮기려고 할 때, 최소 몇 번 움직여야 할까요?

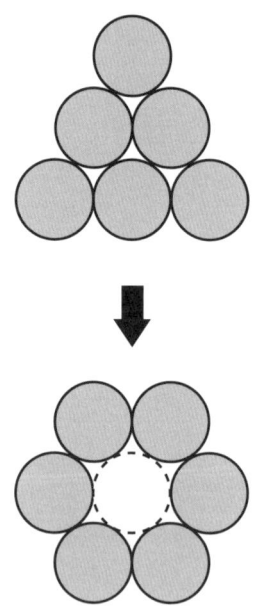

Day 003 어떤 게임은 5가 0을 이기고, 2가 5를 이기고, 0이 2를 이긴다고 합니다. 이 게임은 무엇일까요?

Day 004   다음 그림에 A에 들어갈 수를 구해보세요.

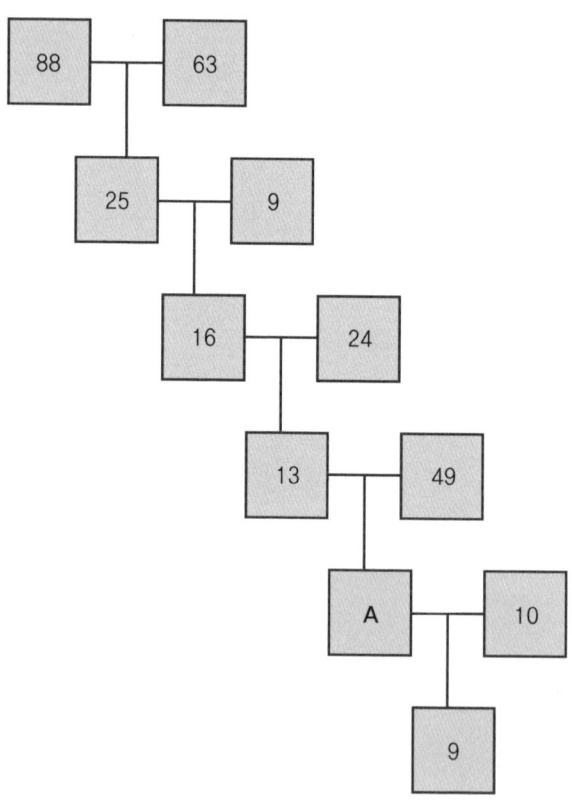

Day 005 스파이 임무가 끝나고 도망가는데 다리를 건너가서 다리를 폭파해야 합니다. 폭탄은 정확히 45초에 터트려야 하는데 당신에게는 30초짜리 폭탄만 2개 있습니다. 이 줄 2개를 이용하여 정확히 45초 만에 터트려야 하는데, 불을 붙이는 폭탄줄을 접거나 자르거나 하여 태울 수 없습니다. 어떻게 해야 할까요?

해설

Day 001

위 조건에 따라 다음의 식을 세워볼 수 있습니다.

A=3B

AxA=BxBxB

A-B=C

A+B=D

AxB=E

C+D+E=297

이 식에 가능한 숫자들을 대입해보았을 때 **정답은 27세, 9세입니다.**

Day 002 2번

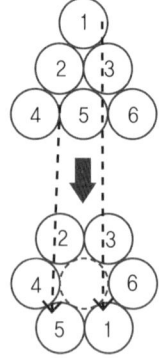

Day 003 가위 바위 보

숫자는 손가락 개수입니다.

Day 004

88-63 ➜ 8+8+6+3=25이런 식으로 각 자리 수들의 합으로 점점 내려가는 규칙을 발견할 수 있습니다. 마지막은1+3+4+9를 해야 A가 나오기 때문에 **A는 17**입니다.

Day 005

선 하나는 동그랗게 하고 선 하나는 똑바르게 합니다.
그리고 나서 두개의 선에 똑바른 선과 동그란 선을 한 점에 겹칩니다. 그리고 똑바른 선에서 동그란 선이 없는 쪽에 불을 놓습니다. 그러면 똑바른 선이 다 타면 30초, 동그란 것은 양 쪽에서 타니 15초가 걸려 **45초**에 폭탄이 터지게 됩니다.

46 Week

Day 001   다음 식에 하나의 선을 그어 참이 되게 만들어보세요.

$$19-18=18$$

Day 002   다음 정사각형을 7개의 직각 이등변삼각형으로 나누어 보세요.

Day 003   기차역 A, B, C역이 있습니다. A역에서 B역을 돌아 C역까지 가는 거리는 13Km 입니다. B역에서 C역을 돌아 A역까지 가는 거리는 14Km입니다. C역에서 A역을 돌아 B역까지 가는 거리는 15Km입니다. 그렇다면 A역과 B역 사이의 거리는 얼마일까요?

Day 004 한 교도소에는 한 명의 간수 밑에 관리해야 할 죄수가 아주 많습니다. 따라서 죄수들이 지켜야 할 규칙이 엄격한데, 다음은 죄수들이 식사할 때 지켜야 할 규칙입니다.

❶ 테이블마다 죄수의 숫자가 동일해야 한다.
❷ 테이블의 숫자는 홀수여야 한다.

간수는 죄수들을 앉히면서 테이블 당 3명을 앉힐 경우 죄수 2명이 남고, 테이블 당 5명을 앉힐 경우 죄수 4명이 남고, 테이블 당 7명을 앉힐 경우 죄수 6명이 남고, 테이블 당 9명을 앉힐 경우 죄수 8명이 남는다는 사실을 알고 있습니다. 하지만 테이블 당 11명을 앉힐 경우에는 한 명도 남지 않는다고 할 때 죄수는 모두 몇 명일까요?

Day 005　　입구가 열린 216개의 방으로 이루어져 있는 우리가 있습니다. 맨 앞의 오른쪽 끝에는 전자 로봇 쥐가 한 마리 있습니다. 리모컨을 작동하면 쥐는 오른쪽이나 왼쪽으로 세 칸, 앞쪽이나 뒤쪽으로 두 칸 움직인다고 할 때, 쥐를 우리 중앙으로 이동시킬 수 있을까요? 그게 가능하다면 목표 지점에 도착하는 데 필요한 최소한의 이동 횟수는 몇 번일까요?

Day 001
18에 가로로 선을 그어 $\frac{10}{10}$을 만듭니다. 그러면 $19-\frac{10}{10}=18$로 참이 됩니다.

Day 002   다음과 같은 두 가지 방법이 있습니다.

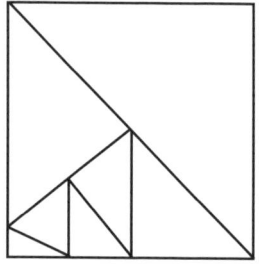 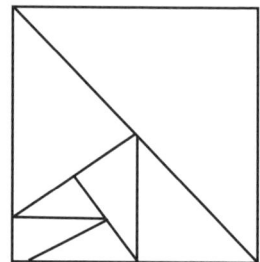

Day 003
A역에서 B역을 돌아 C역을 거쳐 다시 A역으로 오는 거리를 먼저 구합니다.
(13+14+15) / 2 = 21Km ➡ (1)
B역에서 C역을 거쳐 A로 가는 거리(14Km) ➡ (2)
그러므로 A역과 B역사이의 거리는 (1)−(2) = 21−14 = **7Km입니다.**

Day 004   2519명
2519를 3으로 나누면 총 839 테이블에 2명이 남는다.
2519를 5로 나누면 총 503 테이블에 4명이 남는다.

2519를 7로 나누면 총 359 테이블에 6명이 남는다.
2519를 9로 나누면 총 279 테이블에 8명이 남는다.
2519를 11로 나누면 229 테이블로 딱 떨어진다.

Day 005
방의 숫자는 모두 216개, 즉 짝수이기 때문에 중앙이 있을 수 없습니다. **따라서 불가능한 일입니다.**

47 Week

Day 001 와인과 맥주가 각각 30갤런, 32갤런, 36갤런, 38갤런, 40갤런, 62갤런 들어 있는 술통 6개를 가지고 있는 주류 상인이 있습니다. 다섯 통에는 와인이 가득 들어 있고, 나머지 한 통에는 맥주가 가득 들어 있습니다. 맨 처음에 온 손님이 와인 두 통을 사가고, 두 번째 손님은 첫 번째 손님이 사간 와인의 두 배를 사갔다고 할 때 맥주는 어느 통에 들어 있을까요?

Day 002 버스 정류장에 아이들 옆에 있는 어른이 3명, 아이들 옆에 서 있는 아이들은 4명, 어른 옆에 서 있는 아이들은 6명입니다. 어른과 아이는 각각 몇 명일까요?

Day 003

나는 13살입니다. 얼마 전에 12명의 아이들(나를 포함해서)이 한 집에 모였는데, 4명씩 A, B, C 가정의 아이들이었습니다. 그런데 흥미롭게도 각각의 아이들의 나이는 모두 달랐고, 그 나이들은 1부터 13살 중의 하나였습니다. 즉, 한 개의 나이를 제외하고 1부터 13까지의 나이가 모두 포함되어 있었습니다. 재미로 각 가정의 아이들의 나이를 더해보니 아래와 같은 결과가 나왔습니다.

> **A가정** : 41살, 12살짜리 아이 포함
> **B가정** : 22살, 5살짜리 아이 포함
> **C가정** : 21살, 4살짜리 아이 포함

오직 A가정에만 한 살 터울의 아이들이 있다고 할 때, 나는 A, B, C 중 어느 가정의 아이일까요?

Day 004 일정한 규칙에 따라 배열된 4개의 도형을 추리해 다음에 오는 도형을 골라보세요.

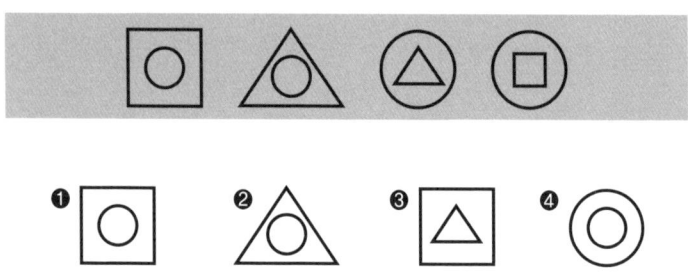

Day 005 다음 수식에 부합하는 도형에 적당한 숫자는 얼마일까요? ○=? ●=? ■=? △=? ▲=? 단, 각 도형은 각각 1~5의 한 숫자씩을 의미하며, 다른 도형의 숫자와 같지 않습니다.

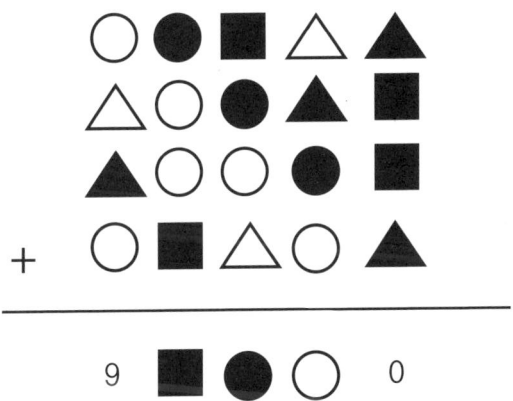

해설

Day 001

맥주는 40갤런들이 통에 들어 있습니다. 첫 번째 손님은 30갤런들이 통과 36갤런들이 통에 들어 있는 와인 66갤런을 사갔고, 두 번째 손님은 와인 132갤런 즉 30갤런들이 통과 32갤런들이 통, 62갤런들이 통을 사가면 계산이 맞습니다. 그렇다면 40갤런들이 통이 남는데, 바로 이 통에 맥주가 들어 있습니다.

Day 002   아이 6명, 어른 3명

Day 003

1~13까지의 합은 91입니다. 그런데 각 가정의 나이 합계의 합은 84입니다.
그 차이는 7입니다. 따라서 7살짜리 아이가 없다고 볼 수 있습니다. 각 가정의 아이들 나이를 보면 다음과 같습니다. (모르는 숫자는 미지수)

A : 12, a, b, c (단, a+b+c = 29)

B : 5, d, e, f (단, d+e+f = 17)

C : 4, g, h, i (단, g+h+i = 17)

만약 13살짜리가 C에 있다면 나머지 둘 나이의 합계는 4로 둘은 1, 3인데 그러면 C에는 3, 4살이 한 살 터울이 되어서 안 됩니다. 만약 13살짜리가 B에 있다면

B : 1, 3, 5, 13

남는 숫자는 2,6,8,9,10,11

A : 8, 10, 11, 12, C : 2, 4, 6, 9 가 가능합니다.

그런데 A에는 한 살 터울이 연달아 셋이 나옵니다.

만약 13살짜리가 A에 있다면 A의 남은 둘의 나이 합은 16살이고 가능한 방법은 7,9… 6,10뿐입니다. 7세는 없으니 6, 10뿐이지요.
A : 6,10,12,13
남는 숫자는 1,2,3,8,9,11
남는 숫자로 세 수의 합이 17인 것을 두 개 만들어야 하는데 11살이 들어가는 집에서는 나머지 둘로 6살을 만들어야 합니다. 그런데 두 수의 합이 6인 것이 없습니다. **따라서 나는 B에 있습니다.** A에는 8,10,11,12살, B에는 1, 3, 5, 13살, C에는 2, 4, 6, 9살이 살고 있습니다.

Day 004　❷번
한 칸 건너뛰면서 큰 도형 안에 있는 작은 도형이 큰 도형으로 바뀌고 있는 규칙을 발견할 수 있습니다.

Day 005　○=2　●=5　■=4　△=3　▲=1

```
    25431
    32514
    12254
  + 24321
  ‾‾‾‾‾‾‾
    94520
```

48 Week

Day 001   다음 ?에 들어갈 숫자를 채워 넣어보세요.

7 4 8 8 2	3 5 8 4	? ? ?
2 9 6 3 7	? ? ? ?	1 9 2
7 4 8 2 6	? ? ? ?	? ? ?

Day 002　　이상한 나라의 앨리스란 소설에서는 시침은 정상적으로 분침은 반대방향으로 가는 시계가 나옵니다. 현재 시간이 2시 정각이라면 이 시계에서 분침과 시침이 180도를 이루는 시각은 몇 분 후일까요?

Day 003　　1, 2, 3을 가지고 만들 수 있는 수 중 가장 큰 수를 만들어 보세요.

Day 004 양팔저울은 한쪽에는 물건을, 다른 한쪽에는 추를 올려놓고 물체의 무게를 잴 수 있습니다. 여기서, 반드시 모든 무게의 추가 필요하지는 않습니다. 그렇다면, 1g부터 40g까지의 무게를 차례로 재려면, 최소한 몇 개의 추가 필요할까요?

Day 005 Day4번 문제와 이어지는 문제입니다. 이 양팔저울로 무게를 잴 때, 물건이 있는 쪽에도 추를 놓을 수 있다면 추의 종류는 어떻게 변할까요? 1번과 2번에서 조건을 바꾸어 최소한의 필요한 추의 개수를 구해보세요.

해설

Day 001
첫 번째 막대기의 경우 7×4×8×8×2=3584입니다.
동일한 논리를 적용하면 **물음표의 숫자는 3×5×8×4=480**이고, 마찬가지로 **두 번째 물음표의 숫자는 2268, 세 번째는 2688과 768**이 나옵니다.

Day 002
분침은 1시간에 한 바퀴 돕니다. 즉, 60분 동안 한 바퀴를 도니까 1분에 360/60 = 6도씩 가는 셈이 됩니다. 시침은 1시간에 숫자 한 칸씩 갑니다. 숫자 한 칸의 각도는 한 바퀴가 총 12이니까 360/12 = 30도입니다. 60분 동안 30도를 움직이니 1분 동안 움직이는 각도는 30/60 = 1/2 = 0.5도입니다.
흐른 시간(분)을 x라고 하면, 6x + 0.5x + 60 = 180이 됩니다.
(다른 방향으로 가기 때문에 더해주는 겁니다.)
이 식을 풀면 **6.5x = 120, x = 240/13분이 걸립니다.**

Day 003 3^{21}
2의 31승이 더 크지 않냐고 생각할 수 있겠지만, 로그를 이용해서 풀어보면
ex)$\log 3^{21}$=21x$\log 3$= $\log 3$를 약 0.4771로 봤을 경우 곱하면 10.0191 이건 11자리수이고, $\log 2^{31}$=31x$\log 2$= $\log 2$를 약 0.3010로 봤을 경우 곱하면 9.331 이건 10자리수. 그러므로 3의 21승이 가장 큰 수입니다.

Day 004
일단 1을 재기 위해서는 1이 필요하고 2를 재기 위해서는 2, 3을 재기 위해서는 1과 2,

4를 재기 위해서는 4, 5를 재기 위해서는 1과 4, 이런 식으로 추의 무게는 두 배씩 늘어 납니다. 따라서 1, 2, 4, 8, 16, 32가 필요하겠지요. **정답은 6개**입니다.

Day 005

1을 재기 위해 1이 필요하고, 2, 3, 4를 재기 위해 3이 필요합니다. (2를 잴 때 반대편에 1 무게의 추를 올려놓으면 되기 때문) 5, 6을 재기 위해 9가 필요합니다. (5를 잴 때 한 쪽에 9를, 한 쪽에 3과 1을 올려놓으면 되고 6을 잴 때 한 쪽에 9를, 한 쪽에 3을 올려놓으면 되기 때문) 이런 식으로 하면 필요한 추의 무게는 3배씩 늘어납니다.

따라서 40까지 재려면 1, 3, 9, 27이 필요합니다. **정답은 4개**입니다.

49 Week

Day 001 숫자 하나를 변형해서 다음 등식을 성립하게 만들어보세요. 단, 이항은 할 수 없습니다.

$$102 - 1 = 99$$

Day 002   '?'에 들어갈 숫자는 무엇일까요?

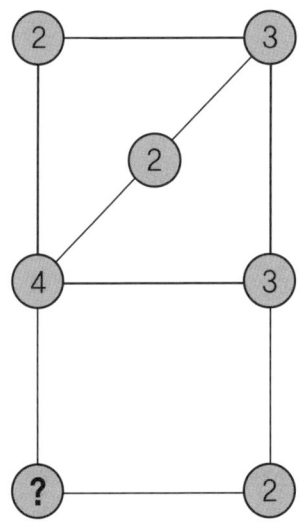

Day 003 숫자가 적힌 벽돌들이 쌓여 있습니다. 숫자들 사이에는 일정한 규칙이 있습니다. 물음표에는 어떤 숫자가 들어가야 할까요?

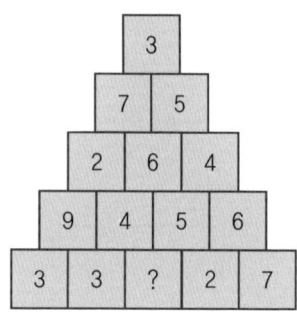

Day 004 다음 숫자들은 각각 어떤 규칙으로 묶여있는 것일까요?

(147)　(25)　(36890)

Day 005   아래 삼각형을 이 삼각형과 닮은 작은 삼각형 25개로 덮으려고 합니다. 작은 삼각형의 각 변의 길이와 합은 얼마일까요?

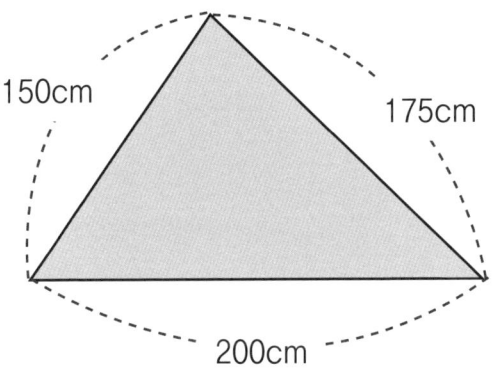

해설

Day 001
102를 10²으로 만듭니다.
10²- 1 = 99

Day 002　2
각 원에 연결되어 있는 선의 개수가 원 속에 들어있는 수입니다.

Day 003
3+7+5=15
7+2+6=15
5+6+4=15
이런 식의 규칙을 찾을 수 있습니다. 따라서 4+3+?=15, **?=8입니다.**

Day 004
147은 세로 작대기가 있는 숫자입니다. 2와 5는 뒤집었을 때 같은 모양이 됩니다.
36890은 뒤집어도 숫자가 성립됩니다.

Day 005
닮은 삼각형이란 말은 크기는 같거나 다르지만 모양은 같다는 말입니다. 그러니까 밑변:왼쪽변:오른쪽변의 비가 200:150:175 약분해서 8:6:7의 변을 가진 닮은꼴 모양의 작은 삼각형 × 25 = 큰 삼각형이 된다는 말이지요. 따라서 200 나누기 25를 하고

150 나누기 25를 하고 175 나누기 25를 해서 각 변의 길이를 구할 수 있습니다. 따라서 **작은 삼각형의 각 변의 길이는 8, 6, 7이며 합은 21입니다.**

Day 001   색칠한 삼각형 주위를 둘러싼 세 삼각형 안의 숫자의 합과 색칠한 삼각형 안의 숫자가 같도록 빈 삼각형 안에 1~10까지 숫자를 채워 넣으세요.

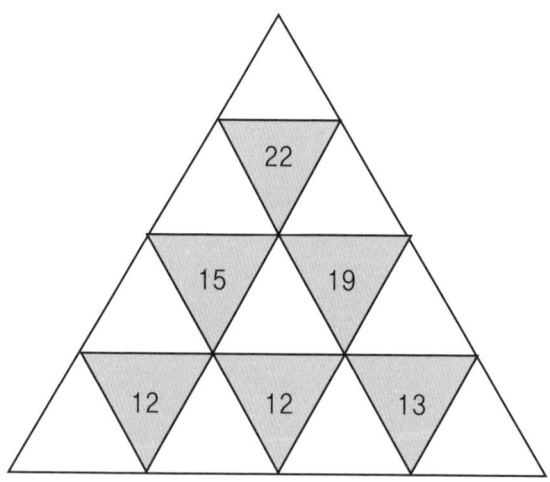

Day 002   다음의 숫자를 배열하여 100이 되게 해보세요. 단, 숫자는 1번씩만 쓸 수 있으며, ( ) 안에는 수학 기호를 아무거나 1개만 넣을 수 있습니다.

$$61 \ (\quad) \ 18$$

Day 003   다음 빈 칸에 수학기호를 넣어 식을 성립시켜 보세요.

$$3 \ \square \ 4 \ \square \ 5 \ \square \ 6 = 9$$

Day 004   1에서 9까지의 수를 21개 나열할 때 이웃한 세 수의 합이 13이 되도록 하였습니다. 〈보기〉와 같이 왼쪽에서 2번째의 수는 2로 16번째 수는 6으로 주어질 때 이들 사이의 □안에 들어가는 수들의 합을 구하세요.

〈보기〉

□ 2 □ □ □ □ □ □ □ □ □ □ □ □ □ 6 □ □ □ □ □

Day 005   남석이의 시계는 1시간에 2분씩 빨라지고 정필이의 시계는 1시간에 3분씩 느려집니다. 두 사람 모두 정확한 시각으로 맞추었는데 다시 만났을 때 남석이의 시계는 오후 7시를 정필이의 시계는 오후 6시를 가리키고 있었습니다. 두 사람이 만났을 때는 정확히 몇 시였을까요?

해설

Day 001

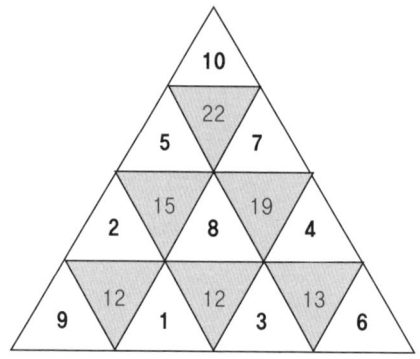

Day 002

괄호에 +를 넣고 거꾸로 보면 **81+19=100**이 됩니다.

Day 003

3 × (4 + 5 − 6) = 9

Day 004

□2□/□□□/□□□/□□□/□□□/6□□/□□□/
이렇게 3자리씩 끊어서 보면 총 7개로 나눌 수 있습니다. 그런데 이웃하는 세 수의 합이 13이라고 하였으니, 각 자리수의 합은 7×13 = 91입니다. 이때 2와 6은 나와 있으므로 빼주면 91−2−6 = 83. **정답은 83입니다.**

Day 005

남석이의 시계는 한 시간에 2분씩 빨라지고 정필이의 시계는 한 시간에 3분씩 느려집니다.

남석이와 정필이는 한 시간에 5분씩 차이가 나는 셈이므로 다시 만났을 때 남석이와 정필이는 한 시간의 차이가 나니까 60(1시간)/5=12이므로 12시간 동안 헤어져 있다가 다시 만난 거란 말이 됩니다.

남석이의 시계는 한 시간에 2분씩 빨라지므로 7시에서 24분을 빼야되고 정필이의 시계는 한 시간에 3분씩 느려지므로 6시에서 36분을 더해야 됩니다. 그렇게 빼고 더한 수는 6시 36분으로 같습니다. 그러므로 **둘이 만난 정확한 시간은 6시 36분**입니다.

51 Week

Day 001   쥐 10마리가 둥근 우리 안에 갇혀 있습니다. 한 공간에 10마리가 있으니 서로 물고 뜯고 싸움이 너무 심합니다. 3개의 원을 그려 10마리를 각각 다른 곳에 가두려고 합니다. 어떻게 하면 될까요? 원을 그려넣어 주세요

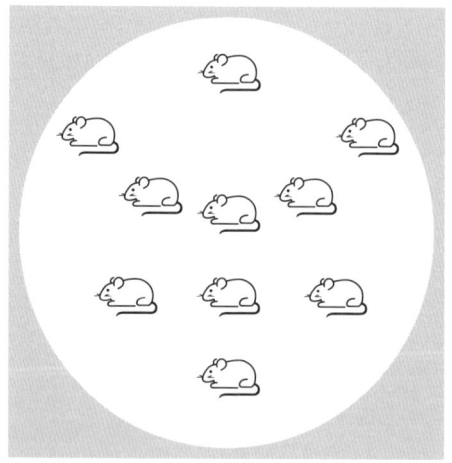

Day 002   한 회사가 어떤 물건을 만들어내기 위해 A, B 두 공장을 가동시켰습니다. 원래 계획은 A공장에서 B공장보다 30개를 더 만들려는 것이었지만 결국 B공장에 문제가 생겨 B공장에서 계획보다 20개 적게 만들게 되었고, 나머지를 A공장이 모두 만들었습니다. B공장이 만든 물건의 개수는 A공장이 만든 개수의 7분의 4보다 2개 더 많았다면 두 공장에서 만든 물건은 총 몇 개일까요?

Day 003   두 명의 아버지와 두 명의 아들이 있습니다. 빵 21개를 똑같이 나눠먹으려면 어떻게 나눠야 할까요? 단, 빵을 쪼개거나 버려서는 안 됩니다.

Day 004   어떤 로켓은 하루가 지나면 그전에 왔던 거리의 2배만큼 갑니다. 그 로켓이 지구에서 목성까지 가는데 100일이 걸렸다면 지구와 목성의 중간에 있을 때는 몇 일째일까요?

Day 005   다음 물음표에 들어갈 답은 무엇일까요?

1 = ㄷ
2 = ㄹ
3 = ㅁ
4 = ㅍ
5 = ㅅ
6 = ㄹ
7 = ㅅ
8 = ?

Day 001

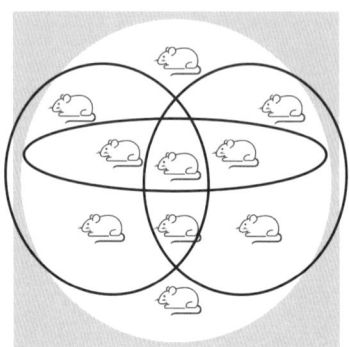

Day 002

A가 x+30일때 B는 x가 됩니다.
하지만 결국은 B가 계획보다 20개를 적게 만들었으므로 B는 x−20, A는 x+50이 됩니다.
B공장이 만든 물건의 개수(x−20)는 A공장이 만든 개수(x+50)의 7분의 4보다 2개가 많았다고 하니까 x−20=4/7(x+50)+2 라는 식이 성립되게 합니다.
풀면 7x−140=4x+200+2가 되므로 3x=342를 정리해서 x=114가 됩니다.
그러므로 **공장에서 만든 물건의 총 개수는 114개입니다.**

Day 003   7개씩 3명이 나눠 먹으면 된다.

이 문제는 생각의 전환이 필요한 문제랍니다. 두 명의 아버지와 두 명의 아들이라고 4명이라고 생각하면 안 됩니다. 할아버지, 아버지, 아들 이렇게 3명이 있으면 아들에게는 아버지가 아버지고, 아버지에게는 할아버지가 아버지니 아버지는 2명이 되지요. 이렇게 생각하면 빵을 나눠먹을 사람은 총 3명이 되므로 문제를 풀 수 있습니다.

Day 004   99일

그전에 왔던 거리의 2배만큼 가니까 100일째에 전체를 갔다면 99일째에는 그것의 반만큼 온 것이 됩니다.

Day 005   ㄷ

도레미파솔라시도

Day 001 성냥개비 두 개를 움직여 삼각형을 모두 없애보세요.

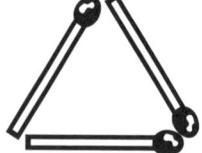 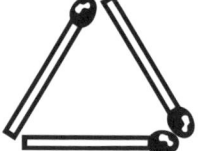 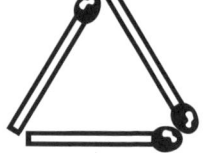

Day 002   큰 별 모양의 면적이 20제곱센티미터라면 작은 별 모양의 면적은 얼마일까요?

Day 003   고대 중국의 수학 퀴즈입니다. 수탉은 1마리에 5전, 암탉은 1마리에 3전, 병아리는 3마리에 1전입니다. 수탉을 가능한 많이 하여 100전으로 전체 동물을 100마리 사려면 어떻게 해야 할까요?

Day 004   어느 해가 쨍쨍한 날 오후, 옷 10벌을 널면 10분 만에 다 마른다고 합니다. 28벌을 널고 이 옷들이 다 마르려면 몇 분이 걸릴까요?

Day 005   어느 운전수가 고속도로를 가다가 문득 차의 미터계를 보았더니 아직까지 달린 거리가 15951km였습니다. 운전수는 앞으로부터 읽어도 뒤에서부터 읽어도 똑같은 수가 된다는 사실을 발견하고 무척 흥미로웠습니다. 3시간 동안 더 운전을 하고 미터계를 문득 쳐다보았더니 이번에도 역시 앞자리에서 읽으나 뒷자리에서 읽어도 같은 수가 되어 있었습니다. 그럼 이 운전수의 차는 3시간 동안 평균 시속 몇 km로 달린 것일까요? (단, 현재 이 고속도로는 교통상황이 좋아서 평균 시속이 50km 이상이며, 규정속도 시속 100km를 넘어서는 안 됩니다.)

Day 001

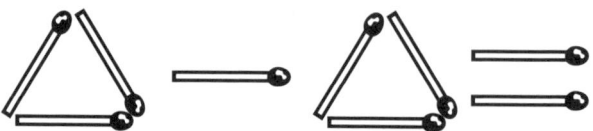

Day 002

별을 다음 그림과 같이 나눴을 때

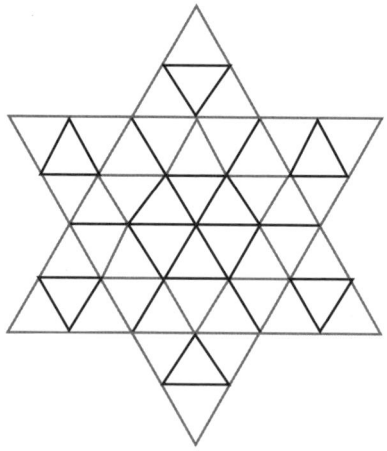

큰 별은 삼각형이 48개, 작은 별은 삼각형이 12로 큰 별의 넓이는 작은 별의 넓이의 4배이기 때문에 20/4=5로 작은 별의 넓이는 5(제곱센티미터)입니다.

Day 003

수탉을 X마리, 암탉을 Y마리, 병아리를 Z마리 샀다고 가정할 때 합쳐서 100마리이므로 ❶ X+Y+Z=100이고, 돈도 100전이니까 ❷5X+3Y+1/3Z=100입니다.
2번을 3배하면 15X+9Y+Z=300이고 X+Y+Z=100과 연립하면 14X+8Y=200 ➡ 7X+4Y=100이 됩니다. 여기서 7X+4Y=100를 만족시키는 최대의 자연수 X값을 구해보면 X=12, Y=4가 됩니다. 즉, 수탉은 최대 12마리 살 수 있습니다.
참고로 병아리도 구해보면 X+Y+Z=100 ➡ 12+4+Z=100해서 병아리는 84마리입니다.

Day 004   10분

10벌을 걸거나 28벌을 걸거나 100벌을 걸거나 동시에 널어놓고 옷 햇볕이 내리쬐는 양은 모든 옷이 다 같으므로 몇 벌을 널던지 마르는 시간은 다 똑같습니다.

Day 005

시속 50~100km 속도로 3시간을 달렸기 때문에 이 운전자는 150km ~ 300km를 달렸을 겁니다. 그렇다면 15951 + 150 < x < 1595 + 300 사이에 있는 어떤 자연수 x가 앞으로 읽은 것과 뒤로 읽은 것이 같은 수일 것입니다.
16101 < x < 16251
위 조건을 만족시키는 x 는 16161 입니다.
16161 - 15951 = 210
3시간 동안 210km를 달렸으므로 이 운전수의 차는 3시간 동안 **평균 시속 70km**로 달렸습니다.

하루 1분 숫자게임

초판 1쇄 발행 2016년 10월 31일
초판 3쇄 발행 2018년 4월 16일

엮은이 YM기획 / **감수** 조신영
펴낸이 추미경

책임편집 주열매 / **마케팅** 신용천·송문주 / **디자인** 싱아·유제이

펴낸곳 베프북스 / **주소** 경기도 고양시 덕양구 화중로 130번길 48, 6층 603-2호
전화 031-968-9556 / **팩스** 031-968-9557
출판등록 제2014-000296호

ISBN 979-11-86834-29-9
          979-11-86834-28-2 세트

전자우편 befbooks75@naver.com / **블로그** http://blog.naver.com/befbooks75
페이스북 https://www.facebook.com/bestfriendbooks75

- 이 책은 저작권법에 의하여 보호를 받는 저작물이므로 무단 전재와 복제를 금합니다.
- 잘못된 책은 구입하신 서점이나 본사로 연락하시면 바꿔 드립니다.
- 책값은 뒤표지에 있습니다.